I0137773

RÉPERTOIRE ARCHÉOLOGIQUE

DE

L'ARRONDISSEMENT DE VENDOME

RÉPERTOIRE ARCHÉOLOGIQUE

DE

L'ARRONDISSEMENT DE VENDOME

RÉDIGÉ SOUS LES AUSPICES DE

LA SOCIÉTÉ ARCHÉOLOGIQUE, SCIENTIFIQUE & LITTÉRAIRE

DU VENDOMOIS

Par M. G. LAUNAY

Officier de l'Instruction publique,
Membre correspondant du Ministère de l'Instruction publique,
Membre de la Société Archéologique, Scientifique
& Littéraire du Vendomois.

Première Médaille d'argent

Accordée à M. G. Launay, lors du Concours des Sociétés savantes
à la Sorbonne, en 1867,
pour le Répertoire Archéologique de l'arrondissement
de Vendôme.

VENDOME

TYPOGRAPHIE LEMERCIER

1889

AU LECTEUR

Il y a environ vingt-cinq ans, le Comité établi auprès du Ministère de l'Instruction publique fit un appel à toutes les Sociétés Archéologiques de France, pour leur demander d'entreprendre un travail ayant pour titre : Répertoire Archéologique du département de......

D'après la circulaire du Comité, ce travail devait avoir pour but la description, aussi abrégée que possible, de ce que chaque commune d'un département pourait renfermer d'intéressant en fait de monuments, tels que : églises, vieux châteaux, anciens manoirs, vieilles maisons, prieurés, voies antiques, dolmens, polissoirs, tableaux, médailles, etc., etc. — Le Comité demandait qu'il fût joint à chaque monument des dimensions exactes, pour tenir lieu d'un plan, qui l'eût encore mieux fait connaître.

Quelques Sociétés, notamment celles de la Seine-Inférieure, de l'Aube, etc., répondirent d'une manière satisfaisante ; mais le Comité, jugeant, d'après plusieurs envois nouveaux, que les auteurs, au lieu d'aller recueillir leurs renseignements dans la commune même, s'étaient contentés de les écrire sans se déplacer, décida de mettre fin à cette publication.

Avec l'intention bien arrêtée de répondre consciencieusement à l'appel du Comité, j'avais commencé le Répertoire Archéologique de Loir-&-Cher *par l'arrondissement de Vendôme ; ce travail, que j'envoyai à titre d'essai au concours de la*

Sorbonne, obtint une 1re médaille d'argent pour l'auteur, et pour la Société Archéologique du Vendomois une médaille de bronze.

Devant la décision du Comité, je jugeai à propos de suspendre mon travail, bien que j'eusse déjà en manuscrit tout le répertoire de l'arrondissement de Blois et une grande partie de celui de Romorantin.

Les lecteurs auxquels les descriptions imposées par le Comité sembleraient un peu sèches trouveront, dans les deux grands albums que je destine à la Bibliothèque de la Ville de Vendôme, tous les plans et dessins indiqués au Répertoire, classés par cantons et communes.

G. LAUNAY.

CANTON DE DROUÉ

(Chef-lieu : DROUÉ)

12 Communes :

BOUFFRY, BOURSAY, LA CHAPELLE-VICOMTESSE, CHAUVIGNY, DROUÉ, FONTAINE-RAOUL, LA FONTENELLE, LE GAULT, LE POISLAY, ROMILLY, RUAN, VILLEBOUT.

BOUFFRY. BOFFERIUM.

A 1 kil. de Droué et à 26 kil. de Vendôme.

Moyen âge.

Eglise paroissiale de la Sainte-Vierge et de Saint-Jean, du IIe siècle. Remaniée à différentes époques. Plan rectangulaire, terminé par une abside demi-circulaire, renfermant une fenêtre romane murée. Longueur totale, 28m,25 ; largeur, 8m,50 ; hauteur, 6m,92. La moitié environ de l'église à l'ouest reconstruite au XVe siècle. Double litre extérieure. Tour moderne en pierre, au milieu du pignon ouest, remplaçant une plus ancienne à l'angle nord-ouest.

Prieuré de Saint-Nicolas des Fouteaux, *Sancti Nicolai de Fortellis,* dépendant de l'abbaye de Thiron, à 1 kilomètre au nord-est de Bouffry. Vaste enceinte fermée autrefois par des murs flanqués de tours, dont il reste encore des vestiges. Ruisseau coulant au pied; pont et fragments de constructions défensives à la porte d'entrée. Chapelle de Saint-Nicolas, du XIe siècle. Plan rectangulaire terminé par une abside demi-circulaire. Longueur, 13m,50; largeur. 6m,30. Porte et fenêtres romanes. Entraits rayonnants dans l'abside.

A 1 kilomètre au sud du bourg, chapelle Saint-Jacques d'Aigrefoin, du XIIe siècle, située sur le point le plus élevé du département (256^{m}). Plan rectangulaire. Longueur, 10^{m}; largeur, 6^{m}. Fenêtre romane à l'est; porte d'entrée en plein cintre à l'ouest. Près de là devait se trouver l'ancien château de Bouffry dont il est parlé dans une charte de 1133, sous le titre de *Castrum Bofferico.*

La Sixelière, ancien manoir au nord-nord-est, conserve encore son enceinte de douves.

BOURSAY. Bourseium.

A 9 kil. à l'O.-S.-O. de Droué et à 28 kil. de Vendôme.

Moyen âge.

Eglise paroissiale de Saint-Pierre, du XIe siècle, ayant subi de nombreuses transformations. Plan rectangulaire primitif terminé par une abside demi-circulaire. Longueur, 20^{m}; largeur, 7^{m},40. Au XIIIe siècle, élargissement de 1^{m},20 de la nef au nord, sur une longueur de 10^{m} à partir du pignon ouest. Construction d'une chapelle à la suite, de 6^{m} de longueur sur 2^{m},75 de profondeur, communiquant avec la nef par deux arcades retombant sur un pilier à trois colonnes engagées. Biais sensible dans le raccord de cette chapelle avec l'abside. A la fin du XVe siècle, construction au midi d'une autre chapelle, divisée en deux travées, avec naissance de nervures indiquant une voûte projetée ou détruite. Deux pignons aigus à l'extérieur. Porte à l'ouest de cette chapelle et porche en avant. Voûte en bois sur entraits sculptés. Arabesques et nombreux écussons. Cloche de 1768.

Maison du XVe siècle à l'est de l'église. Fenêtre à croisillons et porte à moulures prismatiques. Tour polygonale derrière la maison.

La Guignière, ancien manoir seigneurial, à 300^{m} à l'ouest de l'église. Enceinte carrée de 36^{m} de côté fermée par des murs avec tours et colombier aux angles.

A trois kilomètres au sud de Boursay, on rencontre les ruines imposantes du Grand-Bouchet, sur le versant d'une colline élevée, au pied de laquelle coule une petite rivière. Bâtiment rectangulaire. Longueur, 30m; largeur, 10m. Flanqué aux angles de deux tours de 8m de diamètre extérieur. Deux étages voûtés en maçonnerie dans celle du nord. Ce qui reste du bâtiment devait former des caves voûtées, avec un escalier descendant à des souterrains inférieurs. Grand bâtiment en retour à l'angle sud-ouest. Vaste enceinte de fossés descendant jusqu'à la rivière de la Graisne.

LA CHAPELLE - VICOMTESSE.

Capella Vice-Comitissæ.

A 5 kil. au S.-O. de Droué et à 25 kil. de Vendôme.

Moyen Age.

Eglise paroissiale de Saint-Michel, du XIe siècle. Plan rectangulaire terminé par une abside demi-circulaire, saillante de 0m,30 sur les murs de la nef. Longueur, 30m ; largeur, 7m,8 ; hauteur, 7m. Ouvertures romanes au nord et au midi. Porte de la même époque à l'ouest, surmontée de deux fenêtres. Porte murée dans le mur du nord. Chapelle du XVe siècle au sud, autrefois chapelle du prieuré, dont une partie de l'ancien bâtiment existe tout auprès. Jolie crédence de la Renaissance dans le sanctuaire. Deux statues en pierre. Clocher soutenu, à l'ouest de la nef, par huit poteaux en bois à pans coupés, avec bases et chapiteaux, et reliés entre eux par des liens formant un arc ogival. Cloche de 1579. Deux grandes dalles funéraires, l'une de 1658 d'un curé de la paroisse, l'autre de 1691 d'un seigneur du lieu. Litre extérieure.

Cette dernière dalle porte l'inscription suivante :

« Cy gist Francois Lebovlx vivant chr sr des Chavvelieres vseran vicomte sievr de la Chapelle Vicomtesse Fontaine Raovl et avtres lievx conseiller dv roy en ses conseils maistre enquestevr et reformatevr des eavx et forets av departement provinces de Tovraine dv Maine et Anjov leqvel deceda le onze septembre mil six cent qvatre vingt onze age de trente sept ans. Pries povr le repos de son ame. Reqviescat in pace amen. »

Chapelle Saint-Blaise, du XIe siècle, à un kilomètre au nord-ouest du bourg. Plan rectangulaire. Longueur, 11m,40; largeur, 4m,60. Pignon Est percé de fenêtres géminées très étroites. Ancien pèlerinage.

CHAUVIGNY. CALVINIACUM.

A 10 kil. au S. de Droué et à 20 kil. de Vendôme.

Epoque celtique.

Découverte en 1864 d'un gisement de pierres taillées à deux kilomètres au sud du bourg. (Soc. Archéol. du Vend., IVe année, p. 26.)

Moyen âge.

Eglise paroissiale de la Sainte-Vierge et de Saint-Jean, du XIIe siècle, remaniée et agrandie à différentes époques. Nef primitive, moins longue que la nef actuelle et formant probablement l'ancienne chapelle du prieuré. Longueur, 30m; largeur, 6m; hauteur, 7m. Addition, du XVIe au XVIIe siècle, d'un collatéral au sud, moins long que la nef, à laquelle il est joint par trois arcades en plein cintre. Porte au milieu, précédée d'un porche. Toits séparés pour la nef et le collatéral, à l'extrémité duquel s'élevait le clocher.

Epoque moderne.

Construction récente d'un collatéral nord, semblable au premier, et d'une façade à l'ouest.

Restes de l'ancien prieuré du XIIe siècle, dépendant de Marmoutiers.

Chapelle de Saint-Gildéric ou Joudry, à deux kilomètres au sud-est du bourg. Construction sans caractère. But d'un pèlerinage très fréquenté pour la guérison des fièvres. Belle fontaine dans le voisinage.

Anciens fiefs du Grand et du Petit-Gratteloup, dépendant de La Ville-aux-Clercs et de Chauvigny. Nombreuses constructions rasées presque au niveau du sol. L'une d'elles s'appelle encore La Justice. On parle aussi d'un ancien couvent d'hommes. Dans un petit bois dit La Charmoie, près du bourg, le sol est couvert de pierres et de ruines contenant encore des caveaux. Là s'élevait, dit-on, l'ancienne église paroissiale de Saint-Jean ; ce qui expliquerait le double patronage de l'église actuelle.

A deux kilomètres au sud-est de Chauvigny, on trouve le château des Diorières, de 1532. Enceinte rectangulaire, avec tours aux angles et fossés autour. Colombier à l'intérieur.

DROUE (chef-lieu de canton). Droveum ou Druacum.

A 30 kil. au N.-O. de Vendôme.

Epoque celtique.

A 1500 mètres environ au sud-est de Droué, dans le voisinage de plusieurs grandes pierres pittoresquement abritées sous de grands arbres, on en rencontre une enterrée presque au niveau du sol. Longueur, 2m,50 ; largeur moyenne, 1m,70. Une grande partie de sa surface, assez unie, présente des rainures presque toutes perpendiculaires au plus grand axe, et mesurant depuis 0m,20 jusqu'à 0m,65 de longueur. Elles offrent des cavités arrondies ou anguleuses, de 0m,04 à 0m,09 de largeur, et 0m03 à 0m,05 de profondeur. Le nombre des rainures est de 25. Ce polissoir, en espèce de grès, l'un des plus importants connus jusqu'ici, porte dans le pays le nom de Pierre cochée. Un assez grand nombre de haches taillées et polies ont été trouvées dans les environs.

Epoque romaine.

Voie antique traversant la commune. Objets trouvés : un Antonin grand bronze, deux gauloises en bronze très barbares.

Moyen âge.

Le bourg actuel se trouvait autrefois entre deux églises paroissiales, BOISSELEAU et BOURGUÉRIN, éloignées l'une de l'autre de 1200 mètres environ. Notre-Dame de Boisseleau a été pendant longtemps la seule église paroissiale. Construction du XIe siècle. Nef rectangulaire, terminée par une abside demi-circulaire. Dans le pignon ouest, porte romane avec fenêtre à droite et à gauche. Ouverture circulaire au-dessus. Porte au nord, avec trois archivoltes en retraite. Du même côté, addition au XVIe siècle d'un commencement de bas-côté, joint à la nef par trois arcades en plein cintre. Longueur, 11^{m},55; largeur, 3^{m},84. Trois travées surmontées à l'extérieur de pignons aigus à crosses. Dalles funéraires dans l'église, qui a cessé d'être paroissiale.

Ancien prieuré de BOISSELEAU, à l'ouest de l'église.

BOURGUÉRIN, *Burgus Guarini*. Une primitive église ou chapelle vicariale de Saint-Nicolas s'élevait à l'ouest de l'église actuelle. Détruite par la foudre de 1621 à 1630.

Eglise paroissiale de Saint-Nicolas et Saint-Claude, d'abord simple chapelle du château de Bourguérin, remaniée et agrandie à différentes époques. Construction du XIVe siècle, dont il reste encore une longueur de 22^{m} sur 9^{m}, terminée par une abside à trois pans. Chapelle sépulcrale sous le sanctuaire. Tombeaux détruits en 1793. Escalier muré. De 1621 à 1630, prolongement de la nef à l'ouest sur une longueur de 10^{m}. Construction moderne de deux chapelles formant transept. Ancienne porte latérale du XVe siècle, replacée dans le bras sud de la croix.

A 80^{m} environ à l'est de l'église, vestiges de l'ancien château du XIe siècle. Emplacement circulaire de 67^{m} de diamètre, y compris des fossés profonds de 10^{m} de largeur. Muraille intérieure et pont-levis, dont les restes ont disparu il y a environ 50 ans.

Autre vieux château de la même époque, dont on voit

encore une partie des douves dans le parc du château actuel (1).

Anciens manoirs de La Moussière et de La Corbillonnière, ayant conservé leurs douves.

Epoque moderne.

Château de la fin du XVIe ou commencement du XVIIe siècle (2). Vaste bâtiment en pierres et en briques, flanqué de deux pavillons saillants, dont un seul a été terminé. Douves autour.

FONTAINE-RAOUL ou FONTAINE-ROUX.

Fons Radulphi.

A 7 kil. au S.-E. de Droué et à 26 kil. de Vendôme.

Epoque romaine.

Embranchement de voie antique au sud du bourg, traversant la forêt de Fréteval et la vieille route de Vendôme à Paris.

Moyen âge.

Eglise paroissiale de Saint-Marc du XIe siècle. Plan rectangulaire. Longueur, 22^m; largeur, 7^m,85. Une porte romane, n'occupant pas le milieu du pignon ouest, et les traces de l'ancien contre-fort, indiquent que l'église a été élargie à la fin du XVe siècle, et prolongée à l'est. Fenêtres romanes murées au nord. Construction récente d'un clocher en pierre, sur un prolongement de 4^m à l'ouest.

A un kilomètre au sud-ouest du bourg, Le Breuil, *Brolium*, ancien manoir seigneurial entouré de douves. Chapelle du XIIe siècle détruite, dédiée autrefois à saint Jouin, dont on a souvent donné le nom au château.

(1) Ces deux forteresses, à 500 mètres l'une de l'autre, ont été détruites en même temps, par suite de l'alliance des deux familles.

(2) On conserve copie d'une lettre de Henri IV au sieur du Raynier, fondateur du château actuel, dans laquelle ce prince dit : « Mon cher comte, je te connais, j'espère que la construction que tu fais sera pour moi et non pas contre moi. »

A trois kilomètres au sud-ouest de Fontaine-Raoul, chapelle Sainte-Cécile, au milieu de la forêt de Fréteval. Plan rectangulaire. Longueur, 10m; largeur, 6m. Fenêtres géminées dans le pignon est. Dans les murs, plusieurs fragments d'une archivolte du XIe siècle. Pèlerinage fréquenté pour les fièvres. Ancien prieuré détruit. Fossés larges et profonds autour. Fontaine formant un bassin régulier. Cette chapelle dépendait du village de Beaufou, sur l'antique voie de Vendôme à Châteaudun, où s'élevait un hospice de 1135. Nombreuses ruines sur les terrains environnants.

A 5 kilomètres au S.-S.-E. du bourg, vestiges d'une ancienne chapelle de la Madeleine et d'une habitation au milieu de la forêt de Fréteval, SYLVA LONGA.

LA FONTENELLE. JUVENIS FONTENELLA.

A 5 kil. au N.-O. de Droué et à 31 kil. de Vendôme.

Epoque romaine.

Au nord du bourg, ancienne voie portant le nom de *Chemin de César.*

Moyen âge.

Eglise paroissiale de Saint-Gilles du XIe siècle. Nef rectangulaire de 23m,50 de longueur, 8m,20 de largeur, et 6m,40 de hauteur, terminée par une abside demi-circulaire. Petites fenêtres romanes très élevées au-dessus du sol. Le pignon ouest présente trois arcades en plein cintre, saillantes de 0m,55 sur le fond du mur. Celle du milieu, de 2m,75 de large, renferme la porte d'entrée. Les deux autres sont aveugles. A 0m,50 au-dessus des cintres, la partie saillante rejoint le fond du mur par une rampe, et les piliers de séparation se continuent en contre-forts à retraits jusqu'aux rampes du pignon. Fenêtre élancée au-dessus de l'arcade du milieu, surmontée d'une autre de forme circulaire. A l'intérieur, voûte lambrissée en ogive. Sept travées presque entièrement couvertes d'arabesques et d'écussons peints sur des bandes horizontales ou sur des croix de Saint-André.

A 100^{m} au sud-est de l'église, enceinte quadrangulaire entourée de murs, avec quatre tours polygonales aux angles plongeant dans les fossés. Restes d'une ancienne construction.

LE GAULT. Gualdum.

A 10 kil. au N.-O. de Droué et à 40 kil. de Vendôme.

Epoque romaine.

L'ancienne voie, dite *Chemin de César*, limite la commune au sud.

Moyen âge.

Eglise paroissiale de Sainte-Anne, du XIe siècle. Plan rectangulaire. Longueur, 35^{m}; largeur, 8^{m}. Dans le bas de la nef, sorte de vestibule de 2^{m},50 de profondeur, divisé en trois parties voûtées ; celle du milieu sert de base à une tour carrée diminuant de largeur au-dessus du toit. Fenêtre romane sur chacune des quatre faces. Corniche à modillons, surmontée d'un toit quadrangulaire et d'une flèche en charpente. Dans le pignon, porte romane à double archivolte, entre deux contre-forts reliés par un cordon à billettes. Voûte en bois sur entraits sculptés. Huit travées couvertes d'arabesques et d'écussons armoriés (1536). Bénitier de la Renaissance à l'entrée de l'église. Croix pattées de consécration à l'intérieur et à l'extérieur.

A 500 ou 600 mètres à l'est de l'église, Le Petit-Gault-des-Moines, ancien prieuré. Chapelle à abside demi-circulaire détruite. Fontaines au chevet.

A 3 kilomètres au sud-est, Les Ermitages, ancien château ou donjon, bâti sur un mamelon entouré de larges fossés, dans lesquels on a trouvé de vieilles monnaies.

LE POISLAY. Poleium.

A 3 kil. au N.-N.-O. de Droué et à 33 kil. de Vendôme.

Epoque romaine.

Le bourg est traversé par la voie antique dite *Chemin de César*.

Moyen âge.

Eglise paroissiale de Saint-Pérégrin, du XIe siècle. Plan rectangulaire avec abside demi-circulaire. Longueur totale, 26^{m} ; largeur, 8^{m},33. Clocher en charpente au milieu du toit. Belles boiseries en chêne du XVIIe siècle, comprenant le retable du fond et ceux des chapelles latérales, chaire à prêcher. Le 1er mai, nombreux pèlerinages à Saint-Marcou pour les humeurs froides.

Autre pèlerinage à Saint-Vrain.

A trois kilomètres du Poislay, CHAUSSEPOT, manoir du XVIIe siècle, bâti sur les ruines d'un plus ancien, dont il reste encore une vieille tour à l'un des angles des douves.

ROMILLY. ROMILLIACUM.

A 9 kil. S.-O. de Droué et à 20 kil. de Vendôme.

Moyen âge.

Eglise paroissiale de la Sainte-Vierge, du XIIe siècle. Plan rectangulaire. Longueur, 18^{m},50 ; largeur, 5^{m},15. Porte romane à l'ouest. Addition au XVe siècle d'une chapelle au sud. Porche en avant du pignon ouest.

A trois kilomètres à l'ouest, LES RONCES, ancien manoir important.

RUAN. ROTHOMAGUS MINOR.

A 6 kil. au S.-E de Droué et à 27 kil. de Vendôme.

Epoque celtique.

A 100 mètres au nord de Ruan, emplacement circulaire, de 15^{m} de diamètre, exhaussé au-dessus du sol environnant. Espèce de cromlech, formé de nombreuses pierres disposées autour d'un bloc volumineux placé au milieu de l'espace.

Epoque romaine.

Voie antique s'embranchant à La Fontenelle sur le *Chemin de César*, et passant par Droué et Ruan.

Sur le bord de la route, à 400ᵐ au nord-ouest du bourg, emplacement d'anciennes constructions détruites par le feu, briques à rebord, charbons, etc.

Dans le voisinage de la voie antique, au lieu dit Romainville, la légende fixe l'établissement d'un camp romain.

Moyen âge.

Nombreuses fondations sur le coteau dit Fruleuse, au sud-est du bourg. La tradition rapporte que Ruan était situé en cet endroit, et qu'une église de Saint-Valérien s'élevait sur cette colline.

Église paroissiale de Saint-Laurent et Saint-Valérien du XIᵉ au XIIᵉ siècle, remaniée à différentes époques. Plan rectangulaire terminé par une abside demi-circulaire. Longueur totale, 31ᵐ,30 ; largeur, 8ᵐ,20 ; hauteur, 8ᵐ,30. Trois fenêtres romanes dans l'abside, masquées par trois contreforts du XVᵉ siècle. Belle porte romane dans le mur du nord, percée dans une partie saillante. Colonnes aux chapiteaux frustes, supportant une archivolte ornée de moulures variées à dents de scie, damier, étoiles, bâtons brisés, etc. Pignon ouest, également percé d'une porte romane, masquée en partie par une tour saillante du XVᵉ siècle, bâtie à l'angle sud-ouest. Côtés est et ouest de cette tour terminés par des pignons aigus, reliés par un toit. Voûte à l'intérieur détruite. Celle en bois de la nef refaite en 1559. Litre intérieure du XVIᵉ au XVIIᵉ siècle, parsemée d'écussons armoriés. Trace de fresques en partie effacées dans le sanctuaire et dans la nef. Tableau du maître-autel, reproduit par la gravure (Saint Laurent sur son gril). Dalles funéraires mutilées. Pèlerinage très ancien à Saint-Laurent pour les maux d'yeux. (La moyenne des pèlerins est de 400 par an.)

A quelques mètres au sud de l'église, petit château de la Renaissance, élevé sur l'emplacement de l'ancien prieuré, possédant en 1148 un chapitre de chanoines.

La Bullière, à 2,500ᵐ au N.-O., ancien fief dont il est fait mention dans une charte de 1200.

A trois kilomètres au S.-O., le Chêne de Cormont, point de triangulation de la Carte de Cassini, et le plus élevé du département (256m).

Dans un pré dit de L'ABBAYE, rempli de fondations importantes, on a trouvé des gros royaux ou florettes du règne de Charles VI et un jeton de Louis XIV.

VILLEBOUT ou VILLEBON. VILLA RIBALDI.

A 10 kil. au S.-E. de Droué et à 26 kil. de Vendôme.

Moyen âge.

Eglise paroissiale de Saint-Jean-Baptiste, du XIe au XIIe siècle. Plan rectangulaire terminé par une abside demi-circulaire. Longueur, 25m,20; largeur, 6m,62. Une partie des fenêtres romanes transformées au XVe siècle. Dans le pignon ouest, porte du XVIe siècle, avec accolade et niche au-dessus. A l'intérieur, fonts baptismaux de la Renaissance, très ornementés. Dans le bas de l'église, deux statues en ronde bosse, de 1m de hauteur, représentant des pleureuses.

A deux kilomètres au sud du bourg, BELLANDE, ancien manoir et chapelle.

CANTON DE MONDOUBLEAU

(Chef-lieu : MONDOUBLEAU)

14 Communes :

ARVILLE, BAILLOU, BEAUCHÊNE, CHOUE
CORMENON, MONDOUBLEAU, OIGNY, LE PLESSIS - DORIN,
SAINT - AGIL, SAINT - AVIT, SAINT - MARC - DU - COR,
SARGÉ, SOUDAY, LE TEMPLE.

ARVILLE. ARIDA VILLA.

Sur le Couëteron.

A 11 kil. N.-N.-E. de Mondoubleau & à 30 kil. de Vendôme.

Epoque romaine.

Voie antique, passant à 1200 mètres au nord du bourg, sous le nom de *Chemin de César*.

Moyen âge.

Eglise paroissiale de la Nativité de la Vierge, du XIe au XIIe siècle. Plan rectangulaire terminé par une abside demi-circulaire. Fenêtres romanes étroites et élevées au-dessus du sol. Longueur totale, 32^m^,10 ; largeur, 9^m^,60. Voûtes en bois sur entraits sculptés. Dans le pignon ouest, porte à trois archivoltes en tiers-point, entre deux contre-forts s'élevant jusqu'aux rampants du toit, où ils sont reliés par un arc brisé, surmonté de deux ouvertures jumelles renfermant des cloches. Couronnement pyramidal au-dessus, percé d'une fenêtre à double archivolte. Contre-forts peu saillants. Croix de Malte dans les murs. Ancien pèlerinage à la Vierge.

Cet édifice, ancienne église des chevaliers de Malte, touche à la commanderie de ce nom. Pavillon percé d'une porte massive à double archivolte, entre deux tours circulaires en briques losangées. Etage au-dessus. Plusieurs vestiges des anciens bâtiments dans l'intérieur de la cour, entre autres une vaste grange à trois nefs et un colombier. Porte en plein cintre murée, donnant accès de la commanderie dans l'église. Murs d'enceinte et fossés en avant.

Traces nombreuses d'habitations détruites, dans le bourg et dans les environs.

Restes d'un ancien bâtiment appelé LA JUIVERIE, passant encore pour avoir été la synagogue.

A deux kilomètres à l'est du bourg, LA MALCESSIÈRE, ancien manoir entouré de douves.

BAILLOU. BALLIAVENSIS.

A la pointe sud d'un coteau séparant la vallée de la Braye (*Brigia*) d'une autre moins large.

A 4 kil. à l'O.-S.-O. de Mondoubleau et à 30 k. de Vendôme.

Moyen âge.

Eglise paroissiale de Saint-Jean-Baptiste, de la fin du XVe ou du commencement du XVIe siècle, bâtie sur l'emplacement d'une très ancienne chapelle dont la fondation est attribuée à saint Julien (Hist. Arch. du Vend., p. 181). Plan en forme de croix latine. Longueur totale, 31^m^,65. Nef du XVe siècle. Longueur, 18^m^,10; largeur, 8^m^,30. Transept, chœur et abside à trois pans du XVIe siècle, avec voûtes sur ogive en pierres appareillées. Dans le pignon ouest, porte de la Renaissance, délicatement sculptée. Crédences très ornementées dans les deux chapelles. Beau vitrail du XVe siècle dans la nef, représentant la Mort de la Vierge, seul reste des nombreuses verrières décorant les autres fenêtres. Armoiries des Coutances, seigneurs de Baillou.

Epoque moderne.

Dans le retable de la chapelle de la Vierge, enfoncement de 1^m^,70 de largeur sur 0^m^,95 de hauteur, contenant un groupe de haut relief représentant la Mort de la Vierge entourée des douze apôtres. Sujets de la vie de la Vierge peints sur les volets. Dalle funéraire de 1618, d'un curé du lieu, fondateur de l'autel et du groupe. Litre extérieure avec écussons.

A 50 mètres au nord de l'église, ancien château de Baillou, entouré autrefois de hautes murailles, percées de meurtrières et flanquées de tours carrées et circulaires, dont quelques-unes subsistent encore. Porte cintrée avec guérite au-dessus, remplacée par une grille.

A 500 mètres au N.-E., château de La Tabaise, construit en petit sur le modèle de celui de Versailles. Démoli en 1808. Il n'en reste plus qu'un pavillon.

BEAUCHÊNE, dit Les Mathas.

A 8 kil. au S.-E. de Mondoubleau et à 20 kil. de Vendôme.

Ancien prieuré-cure
dépendant de l'abbaye de St-Georges-du-Bois.

Moyen âge.

Eglise paroissiale de Saint-Jacques, démolie, reconstruite récemment à un kilomètre au nord de l'ancienne.

Restes du vieux prieuré, placé au milieu d'une enceinte elliptique fermée par des douves.

Fort de Beauchêne. Motte circulaire, de 40m environ de diamètre, entourée de larges et profonds fossés, conservant encore les ruines d'un donjon rectangulaire de 10m de long sur 5 ou 6m de large. Restes de fondations, indiquant qu'il fut ceint de murs de défense. Puits comblé à l'ouest. Entrée au nord. Second fossé extérieur. Ce fort était placé à quelques mètres de l'église, qu'il devait protéger.

A trois kilomètres au nord-nord-est du bourg, La Gargesse, autre forteresse composée d'une motte circulaire, de 45m de diamètre, entourée de fossés pleins d'eau, et précédée d'une autre enceinte de même forme et de 60m de diamètre. Cavité dans le milieu de la motte, indiquant l'emplacement d'anciennes constructions.

La Voye, à deux kilomètres au nord-est de Beauchêne. Enceinte rectangulaire de 40m sur 32m, fermée par des fossés profonds et maintenant occupée par une ferme.

CHOUE. Choia.

Bourg assis sur un coteau au pied duquel coule la rivière de Graisne.

A 3 kil. au N.-E. de Mondoubleau et à 30 kil. de Vendôme.

Epoque celtique.

Polissoir trouvé dans la commune. Longueur, 0m,60 sur 0m,45 environ ; contenant huit ou dix rainures.

Epoque mérovingienne.

Dans un terrain en pente dit Le Champ-des-Bignons, au nord de l'église, la charrue a fait découvrir de nombreux cercueils en pierre de roussard. Vestiges d'une très ancienne chapelle dans la partie supérieure du champ.

Moyen âge.

Eglise paroissiale de Saint-Clément. Construction d'époques différentes. Nef du XIe au XIIe siècle. Longueur, 21m,60 ; largeur, 11m,10. Portes romanes murées au midi et au nord. Voûte en bois sur entraits sculptés et armoriés. Chœur postérieur, terminé par une abside demi-circulaire. Longueur, 16m ; largeur, 7m,20. Crédence du XVe siècle, côté de l'épître. En face, tombeau avec inscription, armoiries et personnage gravés en creux (1600). Ces armoiries, qui étaient celles des Vandosmois, portent *d'hermines au chef d'or chargé de trois fasces de gueules.* Tour quadrangulaire de la même époque, saillante sur le mur du nord. Chapelle voûtée au rez-de-chaussée. Cloche de 1653. Litre extérieure. A l'extérieur, au sud, traces d'un escalier conduisant à une crypte s'étendant sous le chœur et le sanctuaire. Croix de consécration dans les murs. Pignon ouest de 1786.

Ancien prieuré, à quelques mètres au nord de l'église. Porte avec écusson, aux armoiries du prieur : *d'or à un aigle de gueules.*

Prieuré de GUÉRITEAU (*Garitellus*), fondé en 1238 par les Bénédictins de Sainte-Marie de Mondoubleau, après la démolition de leur monastère dans le château de Mondoubleau : à un kilomètre au nord-ouest de Choue, au pied d'une colline boisée. Construction du commencement du XIIIe siècle. Restes de l'ancienne habitation. Portes, fenêtres et cheminées du XVe siècle. La chapelle de Notre-Dame de l'Annonciation conserve tous ses murs. Nef rectangulaire. Longueur, 15^{m},85 ; largeur, 7^{m},70. Dans le pignon ouest, porte à plusieurs archivoltes à cintres brisés. Fenêtres à lancette au-dessus, entre deux ouvertures circulaires aux six lobes intérieurs. Pignon aigu. A l'angle sud-ouest, tour quadrangulaire ou clocher de 3^{m} sur 5^{m}. Jolie fontaine auprès, dite de GUÉRITEAU, dans une niche en maçonnerie. But d'un pèlerinage, autrefois très fréquenté, pour toutes sortes de maladies. (On y amenait jusqu'à des bestiaux, suivant la croyance du pays, qui l'appelle fontaine de *Guérit-tout.*)

ALLERAY, à 3 kilomètres N.-N.-O. de Choue ; ancien manoir ou forteresse du XIIIe au XIVe siècle. Double enceinte de fossés larges et profonds : la première, de forme carrée, de 200^{m} de côté ; traces du pont-levis dans les fossés ; la seconde enceinte, au centre de la première, forme circulaire de 40^{m} environ de diamètre, renfermant le château, composé de cinq pavillons d'époques différentes. Traces d'un second pont-levis.

A l'est, et en dehors du château, chapelle et prieuré de Saint-Antoine, détruits à la fin du siècle dernier.

A trois kilomètres au sud de Choue, sur un promontoire, entouré de trois côtés d'un vallon profond, on trouve d'épaisses murailles, restes probables d'un fort dominant la contrée. La base d'un de ces murs, dans une longueur de 4 à 5^{m}, est revêtue d'un appareil en briques disposées en feuilles de fougère. Traces d'un fossé réunissant les deux vallons, du côté attaquable.

Ancien manoir de la CHOUPARDIÈRE.

Deux pièces d'or dites *franc-étrier*, de 1360, trouvées sous le foyer d'une cheminée à la TROUILLÈRE. (Hist. de Mondoubleau, p. 318.)

CORMENON. CURIA MENONIS.

A 3 kil. au S.-S.-O. de Mondoubleau et à 25 kil. de Vendôme, et traversé du nord au sud par la rivière de Graisne.

Carrières abondantes de pierre de *roussard* dans la commune.

Moyen Age.

Ancien prieuré de l'abbaye de la Trinité de Vendôme, fondé dans le XIe siècle et souvent remanié. Construction actuelle du XVe siècle. Vieille tour de l'époque primitive. Dans le bourg, plusieurs maisons des XVe et XVIe siècles.

Eglise paroissiale de Saint-Pierre. Construction de la Renaissance. Plan rectangulaire. Longueur, $27^m,60$; largeur, 9^m ; hauteur, $8^m,65$. Entraits, poinçons et corniche délicatement sculptés. Dans la grande fenêtre du pignon Est, beaux vitraux représentant, entre autres personnages, Charles de Bourbon, Ier duc de Vendôme, et Françoise d'Alençon, sa femme. Armoiries au-dessus de la tête du duc: *Armes de France pleines à une bande de gueules.* Portes géminées dans le pignon ouest. Fonts baptismaux en pierre, supportés par trois lions assis, dont l'un porte au cou un écusson gratté.

LES ROUAUDIÈRES. Ancien manoir précédé de fossés profonds, à 1500 mètres à l'est du bourg. Bâtiments entourant une cour de 18^m sur 16^m, avec galeries intérieures au rez-de-chaussée. Tours à meurtrières aux quatre angles. Dans le milieu de l'une des faces, pavillon carré, percé d'une porte et de rainures pour le pont-levis. A l'extérieur, belle grange à trois nefs de 18^m sur 16^m.

MONDOUBLEAU. Mons Dubelli.

A 27 kil. au N.-N.-O. de Vendôme, arrosé au nord par la rivière de Graisne.

Epoque celtique.

A 500 mètres au N.-N.-O. de la ville, découverte en 1865 d'un *polissoir* en poudingue quartzeux rougeâtre. Longueur, $1^m,30$; largeur, $0^m,75$; épaisseur, $0^m,57$. Forme convexe irrégulière. A l'une de ses extrémités, partie plane usée par le frottement. Sur le reste de la surface sont creusées neuf entailles, plus ou moins longues et profondes, arrondies ou anguleuses au fond. La plus longue mesure $0^m,40$ de longueur sur $0^m,06$ de largeur.

Moyen âge.

Le château de Mondoubleau, de la fin du Xe siècle ou commencement du XIe, est bâti sur un mamelon dominant la vallée au nord, et entouré, sur les trois autres côtés, de fossés larges et profonds. Il se compose de deux enceintes. La première, de 140^m sur 112^m, formée de hautes murailles flanquées de tours et percée de trois portes d'entrée, renfermait le château proprement dit et la basse ville. La seconde, à l'angle sud-ouest et dans l'intérieur de la première enceinte, mesure en moyenne 65^m sur 56^m. Défendue, au sud et à l'ouest, par les murailles de la première enceinte; à l'est et au nord, par celles qui séparent le château de la basse ville. Mur de l'est flanqué de cinq tours, dont plusieurs sont encore debout. Porte d'entrée au milieu. Traces de la herse, du pont-levis et d'un large fossé en avant. Chapelle de Sainte-Marie, du XIe siècle, appuyée au rempart de l'ouest. Crypte au-dessous, et entrée d'un souterrain se dirigeant vers le midi. Au nord de la chapelle, bâtiments pour un chapitre de chanoines, fondé en 1029, détruits, ainsi que la chapelle, en 1238, et transférés à *Guériteau*. Construction à la même époque d'une chapelle de Saint-Yves, à quelques mètres de la porte d'entrée. A l'angle sud-ouest, sur une butte en dehors de l'enceinte, donjon entouré, à cinq mètres de distance, d'une muraille hexagonale percée d'une porte de communication avec l'intérieur du château (Voir le plan du château, Hist. du Vend.). Ce donjon, de forme circulaire, subsiste encore à moitié. Diamètre intérieur, 7m ; épaisseur des murs à la base, 4m. Il renferme quatre étages, séparés autrefois par d'épais planchers en bois. Rez-de-chaussée en partie au-dessous du sol, avec meurtrières de 0m,12 à 0m,15 d'ouverture. Puits comblé au milieu. Le premier étage, de 6m de hauteur, est percé de trois fenêtres. L'une d'elles, de 5m d'élévation sur 1m,30 de largeur à l'intérieur, renferme dans son embrasure un escalier de six marches. L'entrée du donjon, placée à cet étage, se compose d'une partie coudée dans l'épaisseur du mur, fermée par trois portes. On y arrivait de l'extérieur par un escalier mobile en bois. Cheminée à hotte conique très saillante. Même disposition pour le second étage. Au troisième étage, le mur présente, à une certaine hauteur, une retraite très sensible formant mur de ronde. Petites ouvertures rectangulaires, pratiquées, pour la défense, dans le pourtour du donjon. Construction en moellons noyés dans le mortier, avec revêtement intérieur et extérieur d'un appareil régulier en pierre de roussard, formant plusieurs retraites successives. Sa hauteur, de 30m environ, présente une inclinaison à l'ouest de 5 à 6m, par suite de fouilles pratiquées sous la butte, qui, en 1818, déterminèrent la chute de la moitié du donjon. (Voir Hist. de Mondoubleau.)

Anciennes maisons dans la basse ville. L'une d'elles, du XVe siècle, avec tour à pans, dite *Maison du gouverneur*. Plusieurs autres en colombages. Puits surmonté d'une construction de l'époque.

En dehors de l'enceinte à l'est, chapelle entièrement détruite et cimetière de la basse ville, la maison du Dôme, et le pavillon servant d'hôpital au moyen âge.

La nouvelle ville, à l'est, date au moins du XIVe siècle. Elle fut entourée, au XVe siècle, de fossés et palissades. La porte vendomoise de cette époque est encore debout.

Eglise paroissiale de Saint-Denis, du XVIe siècle, bâtie sur les ruines d'une église du XVe siècle, détruite par les Anglais. Nef rectangulaire de 30^m de longueur sur 11^m de largeur. Chapelle latérale au sud. Beau retable du XVIIe siècle. Quatre grandes statues en terre cuite.

Chapelle de Notre-Dame-des-Douleurs dans le cimetière. Fenêtres géminées dans le pignon Ouest.

A 600 mètres au sud-ouest de la ville, ancienne Maladrerie ; chapelle détruite en 1737.

ROCHEUX, à deux kilomètres au nord de Mondoubleau ; ancien manoir entouré de fossés, conservant à l'intérieur de grandes cheminées aux écussons armoriés.

OIGNY. OIGNIACUM.

A 11 kil. N.-N.-E. de Mondoubleau & à 38 kil. de Vendôme.

Arrosé par le Couëteron.

Epoque celtique.

Beau dolmen sur la ferme du Boulay, au nord d'Oigny. Un autre sur la ferme de Letrebiar, incliné sur ses supports. Polissoir à deux faces, sur le bord d'un ruisseau.

Epoque romaine.

Voie antique du Mans à Chartres, limitant la commune au nord.

Près de cette voie et d'un hameau nommé LE CHAUSSAY, nombreux vestiges de constructions romaines, indiquant l'emplacement d'une villa importante. Fondations de murs, pavages en mosaïque, briques à rebords, médailles en argent et en bronze. Le terrain, couvert de cendres, porte encore le nom de *Champ-Brûlé*.

Eglise paroissiale de Notre-Dame, du XIe siècle. Abside demi-circulaire. Longueur, 20^m,50 ; largeur, 7^m,28. Plusieurs fenêtres romanes murées, remplacées par des fenêtres du XVe siècle. Porte en plein cintre, à double archivolte. Litre extérieure. Clocher quadrangulaire en charpente, et flèche très aiguë. Dans la sacristie, derrière l'autel, frise sculptée en bois, dans une poutre du XVe au XVIe siècle.

Ancien prieuré, au nord-est de l'église, autrefois très important. Une partie des bâtiments subsiste encore.

L'Épichère, à deux kilomètres au sud; ancien manoir entouré de fossés, habité longtemps par les sires *de Vore*.

Découverte, en février 1867, dans une pâture, à 800 mètres au sud-est d'Oigny, de 172 pièces d'argent, renfermées dans un pot de terre, et datant des règnes de Charles V et Charles VI.

Restes de fondations, passant dans le pays pour être celles d'une chapelle.

LE PLESSIS-DORIN. Plessiacum Dorini.

A 11 kil. au N.-O. de Mondoubleau et à 40 kil. de Vendôme.

Bourg situé sur le Coucteron.

Epoque romaine.

Voie antique du Mans à Chartres, limitant la commune au sud et conservant encore le nom de *Chemin de César*. Elle sert de digue, dans une certaine longueur, au vaste étang de *Boisvinet*, d'une contenance de 20 hectares sur la commune, et ayant l'aspect d'un petit lac.

Eglise paroissiale de Saint-Jean-Baptiste, d'époques différentes, chœur et abside du XIIe siècle. Longueur totale, 7^{m},70 ; largeur, 5^{m},32. Nef du XVe siècle, de 18^{m},80 de longueur, sur 7^{m},52 de largeur. A l'ouest, le toit de la nef forme la base pyramidale du clocher, surmontée d'une partie quadrangulaire terminée par une flèche peu élevée. Porche en avant de l'église. A l'intérieur, série de saints, peints en pied sur les murs de la nef et du chœur.

A deux kilomètres au sud du bourg, restes d'une ancienne chapelle, à la pointe de l'étang de Boisvinet.

SAINT-AGIL. SANCTUS AGILIUS.

A 8 kil. au N.-N.-O. de Mondoubleau et à 35 kil. de Vendôme.

Moyen âge.

Eglise paroissiale de Saint-Agil et de Saint-Fiacre, conservant quelques restes de la construction primitive du XIe au XIIe siècle. Plan rectangulaire. Longueur, 23m,55; largeur, 8m,60. Voûte à pans en bois. En 1547, addition au sud d'une chapelle latérale de 8m,15 sur 5m de profondeur. Deux travées de voûtes en pierre sur nervures enlacées, avec pendentifs et écussons armoriés des fondateurs. Fenêtres à meneaux, remplies par des vitraux représentant la Naissance de Jésus-Christ, l'Adoration des bergers et la Présentation au temple. Crédence de la Renaissance. Litre intérieure. En tête d'un marbre scellé dans le mur et couvert d'une inscription sont gravées les armoiries de la famille Augran d'Alleray : *d'azur à trois chevrons d'or posés l'un sur l'autre, accompagné de trois étoiles de même.*

Ancien prieuré de religieuses bénédictines, fondé en 1190, par Hugues, vicomte de Châteaudun.

Château de Saint-Agil, d'époques différentes. Construction primitive datant au moins du XIIe siècle. Bâtiments dans l'arrière-cour, du XVe siècle. Porte d'entrée de 1510, composée d'un élégant pavillon flanqué de deux tours à trois étages. Fenêtres à pilastres, surmontées de mâchicoulis, lucarnes et toits coniques aigus. Porte en anse de panier, au milieu du pavillon. Bas-relief au-dessus représentant le fondateur. Contre-forts de chaque côté et rainures du pont-levis, remplacé par un pont en pierre. Toit élevé, terminé par un campanile. Construction en pierre et briques losangées.

Nombreuses pièces d'argent, des XIe et XIIe siècles, trouvées dans la commune.

SAINT-AVIT AU PERCHE. SANCTUS AVITUS IN PERTICO.

A 11 kil. au S.-E. de Mondoubleau et à 40 kil. de Vendôme.

Epoque romaine.

Voie antique du Mans à Chartres, limitant la commune au sud. Entre cette voie et le bourg, on trouve un champ appelé le *Champ de bataille,* dans lequel on a découvert récemment des restes de fondations, de pavages, et une grande quantité de cendres et d'ossements humains. Près de là, une voie allait s'embrancher sur le chemin de César.

Moyen âge.

Saint-Avit, localité fort ancienne, où, dit la chronique, le saint de ce nom vint s'établir au VIe siècle, et y fonder deux couvents : l'un d'hommes, et l'autre de femmes, dont il reste peu de traces.

Dans le voisinage, à 200 mètres à l'est de l'église, chapelle de Saint-Etienne, démolie en 1733. Le champ s'appelle encore *Champ de la Chapelle*, et la fontaine avoisinant cette dernière a conservé le nom de *Fontaine des Moines*.

Eglise paroissiale de l'Assomption de la Vierge, du XIe siècle. Plan rectangulaire terminé par une abside demi-circulaire. Longueur, $25^m,20$; largeur, 9^m. Voûte en bois et à pans, couverte d'arabesques, supportée sur des poteaux placés, à l'intérieur, le long des murs épais d'un mètre.

Ancien et important prieuré, dépendant de Cluny ; actuellement converti en ferme.

LA THIERRAYE, à 2200 mètres au nord-est du bourg. Constructions étendues, entourées de fossés. Restes d'une tour d'angle, de forme quadrangulaire, aux murailles épaisses percées d'étroites fenêtres. Chapelle récemment démolie. Nombreux squelettes trouvés à l'intérieur. Manoir brûlé à l'époque des guerres de religion.

ARRAS, ancien fief, également entouré de fossés ; à 4 kilomètres au nord-est.

SAINT-MARC-DU-COR. Sanctus Medardus.

A 5 kil. à l'Est de Mondoubleau et à 25 kil. de Vendôme.

Moyen âge.

Eglise paroissiale de Saint-Médard, du XIe siècle. Nef rectangulaire à chevet plat. Longueur, 23m,30; largeur, 9m. Fenêtre ogivale dans le pignon Est. Reste de vitrail de 1560, représentant Saint Jacques. Le pignon ouest, en pierres de roussard appareillées, contient un avant-corps percé d'une porte romane, avec colonnes et chapiteaux à têtes de hibou, supportant une archivolte à voussures en retraite, ornées de tores et de dents de scie. Petites fenêtres romanes murées, à droite et à gauche. Vaste porche en avant, récemment détruit.

A 1,200 mètres à l'ouest du bourg, ancien prieuré de Sainte-Catherine-de-Beaufeu, sur une colline entourée d'un vallon profond. Vaste étendue couverte de ruines. Pignon ouest de la chapelle du XIe au XIIe sicle, encore debout. Plan rectangulaire et abside demi-circulaire. Nombreux fragments de dalles funéraires extraites de la chapelle et du cimetière, au midi. Statue en bois de Sainte Catherine dans le rez-de-chaussée de l'ancien bâtiment du prieuré. Traces des murailles qui l'entouraient. Belle fontaine au-dessous dans la vallée. Large et profond fossé, visible encore en plusieurs endroits, s'étendant de ce point jusqu'au delà du bourg.

Entre ce prieuré et Saint-Marc-du-Cor, enceinte quadrangulaire, de 60m de côté, fermée par des fossés de 8m de largeur, arrondis aux angles. Nulles traces de constructions intérieures.

Le fort des Mézières, à 3 kilomètres au S.-E. du bourg. Enceinte carrée de 45 mètres de côté, comme la précédente.

SARGÉ. CERGEIUM.

Bourg situé au-dessus du confluent de la Graisne & de la Braye.

A 7 kil. au S.-S.-O. de Mondoubleau et à 25 kil. de Vendôme.

Epoque romaine.

Voie antique du Mans à Orléans, passant par Sargé. Encaissement de 5ᵐ de large, couches de scories. Sur le coteau qui domine la rive droite de la Braye, vaste amas de ruines, de briques à rebords, de poteries en argile rouge, dont l'une avec marque de potier : CROXII-OF. Petit pavage en pierre. Médaille en or de l'empereur Vespasien.

Découverte, en 1865, d'une villa gallo-romaine à 1,500 mètres au sud de Sargé. Restes de murailles étendues, aboutissant à une tour formant le centre des constructions. Nombreuses briques à rebords et fragments de mosaïques. (Soc. Arch. du Vend., juillet 1865.) Cercueils en pierre trouvés à d'assez grandes profondeurs. Agrafe de baudrier recueillie dans l'un d'eux.

Moyen âge.

Eglise paroissiale de Saint-Cyr, du XIe au XIIe siècle. Remaniée à différentes époques. Fondation primitive attribuée à Saint Julien. Plan en forme de croix latine. Abside demi-circulaire. Fenêtres romanes murées. Longueur, 25^{m} ; largeur, $7^{m},80$; hauteur, $6^{m},75$. Additions au XVe siècle des deux chapelles latérales voûtées formant les bras de la croix. Incendie de l'église vers la fin du XVe siècle. En 1650, écroulement de la voûte de la chapelle du nord, remplacée par une voûte en bois. Porte de la Renaissance, surmontée d'un oculus dans la chapelle du sud. Pignon terminé par une guérite renfermant un personnage grotesque en bois, armé d'un marteau faisant sonner les heures. Tabernacle en bois du XVIe siècle. Grandes dalles funéraires auprès des marches du chœur. Ecusson armorié à la clef de voûte.

Ancien prieuré de Saint-Cyr, dont les armoiries étaient: *de gueules à un croissant d'argent.* (Hist. de Mond., p. 356.)

L'église de Saint-Martin, à 110 mètres au sud de la précédente, passe à tort, dans le pays, pour avoir remplacé, à la fin du XVe siècle, une autre église de Saint-Martin, élevée sur le coteau longeant la rive opposée de la Braye, auprès d'une ferme appelée la Barre. La construction primitive remonte au XIe siècle. Nef rectangulaire, de 16m,75 de longueur sur 9m,10 de largeur. Petite fenêtre romane, très élevée au-dessus du sol, dans le mur du nord. Porte murée de la même époque. Fenêtres ogivales au sud et à l'ouest. Voûte en bois de 1549, couverte d'arabesques, de branches de vigne, et de fleurs de lis. Inscription de 1752, avec armoiries sur une plaque de marbre.

Ancien établissement de Templiers, et vestiges des fondations d'une chapelle de Saint-Aignan.

Le château DES RADRETS, dit autrefois LA BERRUÈRE, et plus anciennement TEXAY (Hist. de Mond., p. 358), à 1,500 mètres au nord de Sargé, à la pointe d'un promontoire séparant les vallées de la Braye et de la Graisne. L'ancien manoir, du XIe au XIIe siècle, converti en ferme, a été remplacé par le château actuel, bâti en avant, et entouré, à l'époque de la Ligue, de murs de fortification avec bastions aux angles. Chacun d'eux mesure 12m,00 à la base, et renferme une casemate voûtée en plein cintre, de 9m,30 de longueur sur 5m,20 de largeur et 3m,80 de hauteur, avec une épaisseur de murs de 1m,50. Fossés larges et profonds autour, traversés par un pont de bois remplaçant l'ancien pont-levis. (Les fortifications de cette époque, assez rares aujourd'hui, sont les seules dans le Vendomois.)

LE FIEF-CORBIN, à deux kilomètres au S.-E. de Sargé ; ancien manoir du XIIIe au XIVe siècle, remanié à différentes époques.

Le château de MONTMARIN, placé à mi-côte, à 2 kilomètres au S.-O. de Sargé ; construction du XVIIe siècle, remplaçant un manoir plus ancien du nom de La Tuaudière. (Hist. de Mond., p. 360.)

Plusieurs maisons des XVe et XVIe siècles dans le bourg.

SOUDAY. SOLDAIUM.

A 7 kil. au N.-N.-O. de Mondoubleau et à 31 kil. de Vendôme.

Moyen Age.

Eglise paroissiale du XIe siècle, bâtie sur les ruines d'un édifice plus ancien, à en juger par les assises de briques à cinq rangs, alternant avec les moellons appareillés que l'on remarque, à la base du mur du nord, dans une certaine longueur. Cette construction, remaniée à différentes époques, se composait primitivement d'une nef, de 25^{m} de longueur sur 8^{m},25 de largeur, percée de véritables meurtrières de 0^{m},20 d'ouverture en haut des murs. L'une d'elles, au nord, présente les traces de trois fenêtres d'époques différentes. Dans le mur du nord, porte en plein cintre donnant entrée du prieuré dans l'église, et couverte en partie par un contrefort du XVIe siècle. En face, dans le mur du sud, porte semblable murée, dite la *porte mortuaire*. Chapelle de 1390, dite des *Peschards*, construite en saillie dans le bas de la nef au sud. A l'autre extrémité de la nef et du même côté, traces de piliers extérieurs et naissance de voûte indiquant l'existence d'une chapelle, dédiée, dit-on, à Sainte Geneviève. En 1520, addition, à l'est de la nef, d'un prolongement de 12^{m} de long, terminé par une abside à cinq pans, divisée en deux étages, renfermant une chapelle inférieure, ou crypte, et une chapelle supérieure formant le chœur de l'église. La chapelle inférieure, à 0^{m},80 en contre-bas de la nef, est divisée, dans sa largeur, en trois travées de voûtes, reposant sur deux rangs de piliers cylindriques sans chapiteaux, et en quatre travées dans la profondeur. Les deux premières en entrant se prolongent au sud, de manière à former un bras de croix et une chapelle dédiée à Saint Jean. La voûte, à 2^{m},30 au-dessus du sol, est couverte de fresques représentant les Evangélistes et leurs attributs, et, sur le mur, Judith coupant la tête d'Holopherne. Au fond de l'abside de la crypte, autel dédié à Notre-Dame de Pitié, qui attirait un grand nombre de pèlerins. Saint Calais y fit une procession en 1520. Deux escaliers en fer à cheval, de 16 marches, conduisent de la nef au chœur, élevé de trois mètres au-dessus du sol. Grande arcade en plein cintre, de 4^{m},15 d'ouverture, accompagnée, de chaque côté, d'une porte d'arrivée de l'escalier, de 1^{m},15 de largeur. Deux travées de voûtes dans le chœur et le sanctuaire; hauteur, 7^{m},85. Une travée dans le bras de la croix. Les fenêtres des cinq pans de l'abside sont ornées de vitraux, représentant: les portraits en pied des Seigneurs de Souday avec leurs armoiries; un Chevalier à genoux devant un livre ouvert et derrière lui Saint Nicolas, son patron présumé, lui posant la main sur l'épaule, son écu armorié à ses côtés; un Cavalier armé, que l'on croit être un Saint Georges; un personnage à genoux en costume d'abbé, passant à tort pour représenter Rabelais. Dans des niches délicatement fouillées, sont placées trois statues en terre cuite de Saint Jean, Saint Pierre et Saint Clément, pape. En 1832, incendie par le feu du ciel, qui détruisit le clocher de 1520, la charpente de la nef et celle de la chapelle des Peschards, démolie à cette époque. On trouva dans son emplacement plusieurs cercueils en pierre de roussard, renfermant les corps des fondateurs. (Hist. de Mond., p. 375.) Dans la crypte, dalles funéraires de 1612, avec personnages gravés en creux, et inscription indiquant que là reposent les corps de Jacques de Vendomois, seigneur d'Alleray, etc., et de Dame Marguerite de Marescot, son épouse, décédée en 1624. Litre extérieure. Pèlerinage très fréquenté à Notre-Dame-de-Pitié.

Le presbytère, au nord, construit sur les ruines de l'ancien prieuré, fondé en 1070 pour un prieur et cinq religieux. (Les armoiries étaient *de sinople à un sautoir d'or.*)

A 100 mètres au sud-ouest de l'église, sur la place du bourg, s'élevait une chapelle dédiée à Saint Georges, détruite à la Révolution.

La Cour de Souday, château moderne, à 3 kilomètres à l'O.-N.-O., succédant à un ancien manoir seigneurial du XIe siècle, entouré de murailles et de fossés profonds traversés par un pont-levis. Chapelle du XVe siècle remaniée.

La seigneurie de la paroisse était annexée au château de la Cour de Souday, avec haute, moyenne et basse justice. *Achard*, fondateur du prieuré en 1070, est le premier seigneur connu.

Glatigny, à trois kilomètres au N.-N.-O. de Souday, réuni à cette commune, formait autrefois une petite paroisse dont la chapelle subsiste encore dans la cour du château. Forme rectangulaire, terminée par une abside à trois pans. Longueur, 14m,80 ; largeur, 6m,80.

Château de Glatigny, élevé en 1544 par *Martin du Bellay*, en même temps que la chapelle. Vaste construction, avec appareil réticulé en briques. Grandes fenêtres et lucarnes à croisillons. Campanile à pans, surmontant le toit.

LE TEMPLE. Templum.

A 7 kil. S.-S.-E. de Mondoubleau et à 20 kil. de Vendôme.

Moyen âge.

Ancienne Commanderie des Templiers du XIIe siècle, dont il subsiste encore quelques vestiges dans le presbytère actuel, au nord de l'église. Bâtiment principal de 20 mètres sur 11, démoli en 1856. Deux fenêtres primitives dans un pan de mur d'une grande épaisseur.

Eglise paroissiale de la Sainte-Vierge, du XIIe siècle, comprise dans l'enclos de la Commanderie. Construction d'époques différentes. Longueur, 32m; largeur, 9m,20; hauteur, 5m,30. Tour quadrangulaire, élevée en dehors du mur du sud. La partie primitive, depuis le pignon ouest jusqu'à la tour inclusivement, mesure 22m environ. Elle est éclairée, au midi et au nord, par d'étroites fenêtres romanes, audessous desquelles se terminent en rampe des contre-forts peu saillants. Pignon ouest percé d'une fenêtre à la hauteur des autres et dans la pointe de deux ouvertures du XIIIe siècle, avec écusson, dans l'intervalle, portant la croix des Templiers. Tour rectangulaire de 4m,15 sur 3m,75 et 16m de hauteur. Chapelle au rez-de-chaussée, avec voûtes à nervures. Restes de fresques couvrant autrefois les murs. Fenêtre élancée à cintre brisé, au midi. Toit pyramidal en charpente, incendié en 1782, cloche fondue. La partie de l'église à l'est date du commencement du XVIe siècle. Elle est percée, au midi, d'une fenêtre ogivale, surmontée d'un fronton aigu, dont les rampes sont ornées de crosses et de statuettes d'anges à leur naissance et à la pointe. Pignon Est à doubles contre-forts saillants aux angles, et percé de trois fenêtres ogivales, à larges embrasures intérieures, descendant jusqu'au sol. Rampes à crosses et statuettes. Lambris de la voûte de 1537. Ancien pèlerinage à la Vierge.

A quelques cents mètres à l'ouest de l'église, le château de La Fredonnière, construit récemment sur l'emplacement d'un ancien manoir remontant au moins au XIIIe siècle, et auquel était attachée la seigneurie de la paroisse. (C'est, dit la chronique, dans les souterrains de ce manoir que fut arrêté, au XVIe siècle, le plan de la conjuration d'Amboise.)

Dans un champ auprès du parc, vestiges d'un fortin entouré de fossés profonds.

CANTON DE MONTOIRE

(Chef-lieu : MONTOIRE.)

19 Communes :

ARTINS, COUTURE, LES ESSARTS, LES HAYES, HOUSSAY, LAVARDIN, MONTOIRE, MONTROUVEAU, LES ROCHES, SAINT-ARNOULT, SAINT-JACQUES-DES-GUÉRETS, SAINT-MARTIN-DES-BOIS, SAINT-QUENTIN, SAINT-RIMAY, TERNAY, TRÉHET, TROO, VILLAVARD, VILLEDIEU.

ARTINS. ARTINIS SUPER FLUVIUM LIZ, en 877.

A 11 kil. à l'O. de Montoire et à 29 kil. de Vendôme.

Epoque romaine.

Voie antique de Tours à Paris, traversant le Loir sur un pont en pierre qui subsista jusqu'en 1555, et dont une pile, au milieu du courant, a été démolie récemment. Nombreuses traces du séjour des Romains. Poteries fines ornées de figures, briques à rebords, meules à moudre le blé. Médailles d'empereurs romains. Vaste amas de scories sur la voie ; et, selon la chronique, un temple fameux dédié à Jupiter, dont les fondations, sur les bords du Loir, ont servi de base à l'église actuelle. Anciennes villas gallo-romaines.

Epoque mérovingienne.

En fouillant à toutes les profondeurs, on rencontre un grand nombre de cercueils en pierre, dont plusieurs renfermaient des agrafes de baudrier.

Moyen âge.

Eglise paroissiale de Saint-Pierre sur la rive droite du Loir. Construction d'époques différentes, sans y comprendre les fondations gallo-romaines. Plan rectangulaire. Longueur, 26m; largeur, 8m,65, divisé en deux parties presque égales. Celle de l'ouest, du XIe au XIIe siècle. La portion à l'est, du milieu du XVIe siècle, en pierres appareillées, renferme, dans le chœur, des restes de colonnes avec naissance de nervures indiquant une voûte en pierre, remplacée, en 1542, par une voûte en bois, ornée d'arabesques. Pignon ouest, percé d'une porte romane à cintre brisé, avec fenêtre au-dessus. Croix clochée, servant d'amortissement au pignon, moins élevé, ainsi que le toit, que le pignon et le toit de la partie à l'est. Litre extérieure, avec trace d'écussons. Restes de vitraux, dont l'un représente le Père Eternel, la tiare en tête avec banderolle et inscription. Dans le cimetière, en avant de l'église, croix en pierre à huit pans, renfermant, à la jonction des bras, une petite croix saillante portant un Christ en partie mutilé. Cette église vient d'être abandonnée, sans être détruite, pour faire place à une autre, construite sur la rive gauche du Loir.

A quelques mètres au sud de la primitive église, bâtiment du XIe au XIIe siècle, servant de presbytère. Caveaux souterrains voûtés. Vaste enceinte fermée de murs. Porte du XVIe siècle, ornée d'un heurtoir de l'époque.

A un kilomètre au sud de l'église, ancien prieuré ou commanderie des Templiers, de la première moitié du XIIe siècle. Constructions adossées au coteau, et formant avec ce dernier une cour rectangulaire. Chapelle dans le prolongement du principal corps de logis, avec terrasse en avant, soutenue par une épaisse muraille à contre-forts. Tour d'angle à l'est. Curieuses pièces de serrurerie, en loquets de portes et fenêtres.

Chapelle du XIIe siècle, convertie en grange. Plan rectangulaire terminé par un chevet à pans. Longueur, 14m; largeur, 6m; épaisseur des murs, 1m. Voûte de la nef en plein cintre. Cette chapelle était entièrement couverte de peintures murales, tendant tous les jours à disparaître. Les mieux conservées sont celles des douze apôtres en pied, re-

5

présentés deux à deux dans les profondes embrasures des trois fenêtres de l'abside. Personnages dans l'attitude de la prière au-dessous. Sorte de diable, tenant, au bout d'une fourche, une figure qu'il introduit dans la gueule d'un monstre. Au-dessus des fenêtres, entre deux nervures de la voûte, le Christ est assis sur un trône ornementé, entouré d'anges et des animaux symboliques de l'Evangile. Les douze mois de l'année représentés par des figures allégoriques sur l'intrados de l'arc-doubleau. Entre autres sujets sur les murs, on remarque le Sacrifice d'Abraham, la Légende de saint Nicolas, et de grands panneaux à encadrements, contenant des guerriers à cheval, la lance au poing, et revêtus de longues robes traînantes. (Voir la description et les dessins dans l'Hist. Arch. du Vend., p. 264 [1].)

COUTURE. Cultura.

A 11 kil. à l'O. de Montoire et à 32 kil. de Vendôme.

A 1 kil. au sud du Loir.

Moyen âge.

Eglise paroissiale des saints Gervais et Protais. Construction primitive, attribuée à saint Julien, souvent remaniée. Nef rectangulaire de 19m,60 de long sur 8m,50 de large, avec tour en pierre à l'angle nord-ouest. Incendie qui nécessita, en 1669, la reconstruction d'une portion de la nef et de la partie supérieure de la tour. Sanctuaire carré du XIIIe siècle, de 7m,30 de côté, éclairé par des fenêtres élancées à cintre brisé. Voûte en pierres d'appareil sur huit nervures cylindriques. Toit plus élevé que celui de la nef. Chapelle du XVIe siècle, au nord du sanctuaire. Arcade de communication renfermant, dans son épaisseur, le tombeau du père

(1) Une reproduction de ces fresques à l'aquarelle a été déposée, par M. G. Launay, dans les archives du Comité des Monuments historiques.

et de la mère de *Ronsard*. Au sud, près du sanctuaire, chapelle du Rosaire, de 1669, fondée par Dubois, valet de chambre de Louis XIV. Belles boiseries sculptées, portant les armes d'Anne d'Autriche, de Marie-Thérèse, du Dauphin, et le soleil du grand Roi. En face de cette chapelle, celle de Saint-René, de 1654. Au rez-de-chaussée du clocher, chapelle des fonts, de 4m de côté. Voûte en arc de cloître. Clocher quadrangulaire jusqu'à la naissance de la flèche, de forme octogonale. Pinacles à jour aux quatre angles. Fenêtres à cintre brisé, à différentes hauteurs de la tour. Dans le pignon ouest, précédé d'un porche, porte en anse de panier avec accolade. Au-dessus, écusson aux armoiries des Ronsards. Leurs statues en pierre, de 1m,72 de hauteur et d'un beau modèle, autrefois couchées sur le tombeau du sanctuaire, sont maintenant réléguées au fond d'une armoire de la sacristie.

La Poissonnière, habitation de Ronsard, à 500 mètres à l'est de Couture, au pied du coteau. Grand bâtiment de la Renaissance, percé, sur les deux faces, de fenêtres à croisillons, accompagnées de pilastres à chapiteaux très ornementés. Au milieu de la façade du sud, tour polygonale de l'escalier. Porte d'entrée surmontée d'un fronton aigu avec cette inscription : *Voluptati et Gratiis*. A l'intérieur, grande et belle cheminée, couverte d'arabesques et d'ornements allégoriques, accompagnés de la devise *Non fallunt futura merentem*, gravée au-dessus d'une rangée de marguerites. (Voir la description et le dessin dans l'Hist. Arch. du Vend., pp. 343 et 344.) La cour renferme les communs, taillés dans le roc, avec façades de la Renaissance. Sur chacune des portes des cave, cellier, cuisine, etc., sont gravées des inscriptions latines, indiquant leur destination : *Vina barbara ; Sustine et abstine ; Vulcano et Diligentiæ*. Devises plus graves, en plusieurs endroits : *Veritas filia Temporis ; Respice finem ; Ne quære nimis*. Sur la porte de la chapelle : *Tibi soli gratia*. Au-dessus des fenêtres du grand bâtiment, on lit : *Avant partir*.

(Dans le bois voisin, fontaine de la *Belle Iris,* dite maintenant *Fontaine de la Bellerie.*)

Le long du même coteau, à un kilomètre au sud de Couture, ancien Manoir du Porteau, dont il reste un élégant pavillon, traversé par un porche à deux arcades ogivales, et formant autrefois la porte d'entrée.

A quelque distance, La Denizière, située à mi-côte. Manoir à tourelles, environné de murs avec contre-forts, et fermé au sud par le rocher. Nombreux vestiges de fondations dans l'enceinte. Restes d'un colombier de grande dimension.

La Ratelière, ancien fief important au sud de Couture.

LES ESSARTS. Essarta.

A 12 kil. au S.-S.-O. de Montoire et à 30 kil. de Vendôme.

Moyen âge.

Eglise paroissiale de Saint-Georges, du XIe au XIIe siècle. Nef rectangulaire à chevet plat, terminée autrefois par une abside demi-circulaire. Longueur, $16^m,75$; largeur, $5^m,60$; épaisseur des murs, $1^m,15$. Quatre petites fenêtres romanes, au midi seulement. Addition postérieure, au sud, d'une chapelle, et plus récemment, au nord, d'une autre chapelle de même dimension, formant bras de la croix.

Ancien prieuré. Chapelle de Notre-Dame, à 600 mètres au nord du bourg, adossée à un rocher. Plan rectangulaire, terminé par une abside demi-circulaire. Construction en pierres d'appareil, presque entièrement détruite. Fontaine au-dessous, dans le petit vallon. Pèlerinage fréquenté.

La Roche-Turpin, château en partie démoli, à 1500 mètres au nord-est des Essarts, sur la pente du coteau bordant la vallée du Loir. Enceinte quadrangulaire, avec tours aux angles. En entrant, à gauche, chapelle voûtée en plein cintre, avec écussons et clefs en pendentifs.

LES HAYES. HALE.

A 8 kil. S.-O. de Montoire et à 27 kil. de Vendôme.

Moyen âge.

Eglise paroissiale de Saint-Léonard, primitivement simple chapelle de l'ancien château, remaniée et agrandie à différentes époques. Nef rectangulaire et abside demi-circulaire. Longueur, $17^m,50$; largeur, $5^m,30$; épaisseur des murs, $1^m,15$. En avant de l'abside, colonnes romanes engagées, supportant un arc-doubleau peu saillant sur la voûte. A la fin du XVe siècle, addition, au sud, d'une chapelle jointe au chœur par une arcade de $3^m,30$ d'ouverture. Deux travées de voûtes sur nervures, reposant sur des culs-de-lampe. Litre intérieure, et légende de la Vierge, peinte sur le mur. Prolongement plus récent de la nef à l'ouest, et construction moderne, à la suite, d'une tour quadrangulaire, terminée par une flèche en charpente. Litre extérieure, avec écussons armoriés au nord de la nef. A l'intérieur, statue en terre cuite de saint Léonard, grandeur naturelle. Bénitier en cuivre, de $0^m,22$ de hauteur, orné de guillochures au repoussé.

CHATEAU DES HAYES, de construction moderne, renfermant autrefois dans son enceinte l'église actuelle. Tours primitives encore debout.

A 1,200 mètres environ au sud du bourg, chapelle de Sainte-Lorette, de $7^m,90$ de long sur $5^m,60$ de large. Là se trouvait, suivant la chronique, l'ancienne église paroissiale des Hayes, placée ainsi au centre de la paroisse.

A 100 mètres au-dessous, au fond d'un petit vallon, belle fontaine, avoisinant des ruines assez étendues, passant, dans le pays, pour être celles d'une ancienne communauté religieuse.

Dans le même vallon, à l'ouest, autre fontaine, but d'un pèlerinage fréquenté à saint Germain. Statue en bois du saint, placée dans un coudrier, tenant lieu probablement d'une ancienne chapelle détruite.

A 250 mètres à l'est de Sainte-Lorette, ancien manoir dit La Hautberdière, avec douves profondes, formant une enceinte quadrangulaire de 100m de côté. Traces du pont-levis à l'est.

HOUSSAY. Husseium.

A 8 kil. à l'Est de Montoire et à 11 kil. de Vendôme.

Moyen âge.

Eglise paroissiale du XIe siècle, récemment transformée. Nef rectangulaire, suivie d'un chœur, terminé par une abside demi-circulaire. Longueur totale, 25m,70; largeur de la nef, 8m,22; du chœur, 5m,55 ; du sanctuaire, 4m. A la jonction de la nef et du chœur, tour carrée en pierres appareillées, de 4m,45 de côté. Retraites dans les murs, aux différents étages. Petite fenêtre romane sur les quatre faces. Cordon à modillon au-dessus, surmonté d'une pyramide quadrangulaire en pierre, avec tores aux angles. Arcade en plein cintre entre le chœur et la nef. Abside voûtée en cul-de-four. Porche en avant du pignon ouest. Cette église, type complet du XIe siècle, vient de voir disparaître sa tour et son porche. La nef a été prolongée à l'ouest. Une tour en pierre la précède. De grandes fenêtres ont remplacé les fenêtres romanes.

Ancien prieuré simple, dépendant de l'abbaye de la Trinité de Vendôme. Vestiges de la primitive construction.

LAVARDIN. Lavardinum.

A 2 kil. au S.-E de Montoire et à 15 kil. de Vendôme.

Sur la rive gauche du Loir.

Epoque gauloise.

A 300 mètres à l'ouest du bourg, aux deux tiers de la hauteur du coteau, on rencontre les curieuses grottes dites *des Vierges*, composées de deux étages de salles éclairées sur la plaine, et communiquant entre eux par des escaliers taillés dans le rocher. Cavité dans le sol, en forme de cône tronqué, à l'extrémité de l'une des pièces. Profondeur, 2 mètres. Rainure carrée pour recevoir un couvercle. Grande salle de 11^m sur 6^m à la suite de la première. Sorte d'annexe circulaire au bout. Dans le fond, petit réduit de 2^m,80 sur 2^m,05, renfermant un autel. Escalier tout auprès, descendant à l'étage inférieur, de mêmes dimensions que le supérieur. Hauteur des voûtes : 3^m,30 au rez-de-chaussée, et 2^m,30 au premier étage.

Le niveau du coteau, au-dessus des grottes, est interrompu par une butte ou tombelle très prononcée.

Moyen âge.

A peu de distance à l'ouest de cette butte, ruines d'une construction dont la destination est inconnue. Plan rectangulaire. Longueur, 13^m,40 ; largeur, 10^m,40. Contre-forts très saillants aux angles et au milieu des côtés. Le revêtement en pierres d'appareil a été enlevé. La hauteur moyenne des murs est encore de 1^{m}50, sans traces d'ouvertures, avec un empatement énorme pour les fondations. Etait-ce un donjon primitif, ou un ouvrage avancé du château ?

Chateau de Lavardin, situé sur le coteau, interrompu, dans cette localité, par un ravin profond, qui lui donne l'aspect d'un promontoire, s'abaissant en pointe presque au niveau de la vallée. Construction primitive du Xe au XIe siècle, remaniée aux XIIe, XIVe et XVe siècles. Le terrain qu'occupe le château, de la forme d'une hache celtique, mesure 190^m de long, sur une moyenne de 90^m de large. Il est fermé par deux enceintes successives de murailles, apparentes encore sur plusieurs points. La première prend naissance au fond du ravin, où coule un ruisseau, et fait le tour du château. La seconde, inégalement distante de la première, conserve encore plusieurs de ses tours, notamment du côté du ravin, où se trouve la porte d'entrée, composée d'une courtine reliant deux tours couronnées par des mâchicoulis. Dans l'intérieur de cette enceinte, formée de trois paliers successifs, on rencontre de nombreux restes de constructions séparant le premier palier du second. Escalier monumental du XVe siècle. Voûtes à nervures. Corridor tournant au pied de l'escalier, et conduisant à une salle souterraine voûtée. A quelques mètres à droite, bâtiment de 11^{m} de long sur 7^{m} de large, avec voûte sur piliers carrés. Fenêtre et traces de peinture indiquant que là pouvait être la chapelle. Entre la porte d'entrée et l'escalier, vestiges de bâtiments distants de 20^{m} de la troisième enceinte ou chemise du donjon, et placés à 14^{m} en contre-bas. Cette différence devait être franchie par un système d'escaliers disparus. Deux fragments de la troisième enceinte, remaniée aux XIVe et XVe siècles, sont encore debout. Le troisième palier, de forme quadrangulaire, renferme le donjon rectangulaire, de 14^{m} sur 7^{m} dans œuvre, et de 26^{m} de hauteur avec contre-forts aux angles et au milieu des côtés. Ce donjon, à quatre étages, a subi de nombreuses transformations intérieures au XIVe siècle. La hauteur des étages a été changée. Des voûtes primitives ont été remplacées par des planchers. Grandes et belles cheminées aux différents étages. Trois travées de voûtes sur nervures séparent le second du troisième étage. Mur de ronde au-dessus, garni de mâchicoulis, du XVe siècle. Addition, au XIIe siècle, d'une tour circulaire aux angles du mur de l'ouest, renforcés, dans l'espace laissé vide, par une tour d'un plus grand diamètre, afin de mettre le côté le plus accessible du château en état de résister à l'attaque. A l'angle nord-ouest, construction, au XIVe siècle, d'un élégant escalier de forme octogonale, de 3^{m},30 de diamètre, à voûtes d'arêtes et à nervures. Le mur nord du donjon et la moitié de celui de l'est n'existent plus. Fossé de 30^{m} de large et de 15^{m} de profondeur, à l'ouest du donjon, défendu par un ouvrage avancé en maçonnerie, de 30^{m} de large sur 24^{m} de profondeur, et ouvert à la gorge. Autre fossé à l'ouest de celui-ci, protégé lui-même par une butte factice. Nombreux souterrains dans l'intérieur de la deuxième et de la troisième enceinte.

En dehors de la première enceinte, entre le pied du

coteau et le Loir, se trouvait la baille extérieure, entourée de murailles et de fossés renfermant l'ancien prieuré de Saint-Gildéric, du XIe siècle, devenu depuis prieuré de Saint-Martin. Principal corps de logis, converti en habitation particulière. Restes de la chapelle primitive, longue de 25^{m} sur 10^{m}. Belle fontaine à l'est. (Notice sur le château de Lavardin, A. de Salies. Tours, 1865.)

Eglise paroissiale de Saint-Genest, du XIe au XIIe siècle, composée d'une nef et de deux collatéraux, terminés par une abside et deux absidioles, de forme différente. A l'ouest de la nef, espace carré, de 5^{m},70 de côté, formant la base de la tour. Appendice de chaque côté. Escalier dans celui du sud, conduisant au premier étage, dont les murs, sur trois faces, sont ornés de baies aveugles. Celle du milieu, à l'est, renferme un autel avec traces de peintures au-dessus. Voûte demi-sphérique. La tour était terminée autrefois par une flèche en pierre. Cloche de 1696. Longueur totale de l'église, 33^{m},50; largeur, 13^{m},75. La nef, de 17^{m} de long, de 6^{m},60 de large, est jointe aux collatéraux par 5 arcades reposant sur des piliers carrés. Arceaux de même forme séparant les travées des collatéraux. Fenêtres dans le collatéral nord, ornées de colonnettes à cannelures en spirale et chapiteaux à feuillages et personnages. Chœur de forme carrée voûté en berceau, communiquant avec les absidioles par deux arcades sur piliers cylindriques très bas, surmontés de chapiteaux très frustes. Abside demi-circulaire, voûtée et percée de trois fenêtres romanes très ornementées à l'extérieur. Arcs de décharge, en plein cintre, au bas des murs. Absidiole du nord demi-circulaire; celle du sud, du XVe siècle, à chevet plat. Corniche extérieure de la nef, à billettes et moulures à dents de scie, s'appuyant sur des colonnettes placées entre chaque fenêtre. Nombreuses pierres sculptées dans les murs, provenant de constructions plus anciennes. Trois hauteurs différentes de toit pour la nef, le chœur et l'abside. Inscription du XVIe siècle, gravée sur pierre, dans le collatéral nord. Anciennes fresques sous l'épais badigeon des murs et des piliers.

Presbytère actuel, occupant un vaste bâtiment, du Xe au XIe siècle, en pierres appareillées, remanié et agrandi aux XIIe, XIIIe et XIVe siècles. Corps de logis principal, à deux pignons et deux étages. Longueur, 12^m ; largeur, 5^m,85 ; épaisseur des murs, 1^m,20. Porte cintrée à double archivolte au rez-de-chaussée du pignon nord. Dans celui du sud, large contre-fort saillant terminé en échelons, à la hauteur des rampants du toit, par un tuyau de cheminée cylindrique. Fenêtres romanes, murées de chaque côté ; deux autres du XIIIe siècle au-dessous, faisant place, plus tard, à deux du XVe siècle. Construction, au XIVe siècle; de deux étages de voûtes d'arête sur nervures, reposant sur des culs-de-lampe. Addition, au XVe siècle, d'un corps de logis à droite et à gauche, abrités sous le toit prolongé du grand bâtiment.

Pont sur le Loir, composé de huit arches, dont cinq en ogive, du XIIIe siècle.

Ancienne maladrerie, détruite, à quelques cents mètres au nord du pont.

Chapelle du grand cimetière, de 1559, détruite.

Dans la rue à l'est de l'église, maison du XIIIe siècle. Pignon sur rue, percé, au premier étage, de trois fenêtres à arc brisé, surmontées d'une plus petite de forme élancée. Au rez-de-chaussée, encadrement ogival au-dessus d'une porte de même forme, disparue.

De l'autre côté de la rue en face, curieuse maison de la fin du XVe siècle. Dans la façade au midi, fenêtres et lucarnes à croisillons. A l'angle sud-est, tourelle en encorbellement, renfermant un petit oratoire carré, dont la voûte plate est ornée de caissons sculptés et variés, avec ces mots gravés dans quelques-uns : *Diec, Foy, Loy, Roy* et *Charité*. La façade au nord, du XVIe siècle, est percée, au rez-de-chaussée, de deux grandes baies, et, au premier étage, d'arcades en plein cintre, ouvertes sur une galerie. Colonnes à chapiteaux très ornementés.

Plusieurs autres maisons des XVIe et XVIIe siècles dans le bourg.

MONTOIRE. MONS AUREUS. Au XIIIe siècle, MONTORIUM.

A 18 kil. au S.-O. de Vendôme, situé sur les deux rives du Loir.

Epoque gauloise.

Dans le coteau qui relie Montoire à Lavardin, nombreuses grottes creusées dans le rocher, à une grande hauteur, et renfermant différents étages de salles, communiquant entre eux par des escaliers intérieurs. Cavités coniques, de 2[m] de profondeur, dans quelques - unes des salles. L'une de ces grottes, du nom de l'Hermitage, contient un autel pris dans le rocher, et à gauche un petit réduit, au fond duquel s'ouvre, sur la plaine, une ouverture cintrée. Fontaine au-dessous, dite fontaine *Auduée*.

Moyen âge.

Le vieux château, du Xe au XIe siècle, remanié à différentes époques, est bâti sur le rocher, coupé à pic du côté de la ville. Ravin profond à l'ouest. Larges fossés au sud et à l'est. Plan rectangulaire irrégulier, d'une contenance de 45 ares. Vestiges de deux enceintes. Du côté de la ville, longue et haute muraille collée au rocher, terminée aux deux extrémités par une énorme tour, à laquelle venaient aboutir des murs, allant jusqu'au Loir, renfermant la primitive ville de Montoire. Restes de bâtiments dans la première enceinte. La seconde contenait le donjon, de forme rectangulaire. Longueur, 10[m],40 ; largeur, 8[m],50 ; épaisseur des murs, 1[m],40. Contre-forts peu saillants aux angles et au milieu de chaque face. Du côté de la ville, petite fenêtre carrée, divisée en deux par une colonnette à chapiteau formant meneau. Construction en moellons noyés dans le mortier, avec revêtement de pierres appareillées. Au XIVe siècle, enceinte du midi, reconstruite et flanquée de tours polygonales. Murailles à redents, couronnées par des mâchicoulis. Belle fontaine sous une arcade voûtée du château.

Chapelle du prieuré de Saint-Gilles, du Xe siècle. Nef rectangulaire, avec abside et deux bras de croix adjacents, ayant même largeur et même profondeur. Forme demi-circulaire à l'intérieur, pour les trois, et à l'extérieur, pour l'abside seulement. Largeur, 3m,70 ; profondeur, 3m,40. Ces trois parties, voûtées en cul-de-four, communiquant avec la croisée par des arcades en plein cintre, reposant sur de larges piliers plats et peu saillants. La voûte demi-sphérique de la croisée, plus élevée que les autres, supporte une tour quadrangulaire, sortant à peine maintenant au-dessus du toit. Trois fenêtres romanes dans l'abside. A l'extérieur, deux contre-forts peu saillants, et deux piliers demi-cylindriques, aux chapiteaux frustes. Mur de 3m,50 d'élévation, terminé par une corniche à chanfrein, soutenue par des modillons à figures et personnages très frustes. Tore à billettes, contournant l'abside, les bras de la croix et l'archivolte des fenêtres. Nef du XIe siècle. Longueur, 14m,50 ; largeur, 5m,72. La partie avoisinant le transsept est seule bien conservée. Piliers intérieurs et naissances d'arcs-doubleaux indiquant des voûtes. Fenêtres en plein cintre. Porte d'entrée à l'ouest, avec colonnettes et archivolte très ornementée. Curieuses fresques dans l'abside, les bras de la croix et l'intrados des arcs-doubleaux. Celle de l'abside, du XIe au XIIe siècle, représente Jésus-Christ, nimbé dans une gloire ovoïdale, tenant de la main gauche un livre, et de l'autre semblant donner sa bénédiction au monde. La fresque du bras sud de la croix, du XIIIe siècle, offre la figure du Christ dans une gloire entourée de personnages. Il tient de la main droite une clef, qu'il donne probablement à saint Pierre, dont il ne reste plus que le bras. Dans la voûte du bras nord, le Christ, au milieu d'une gloire, étend ses bras vers les bords, et de ses deux mains coule un ruisseau de sang, dont un jet retombe sur la tête de chacun des douze Apôtres, rangés à droite et à gauche. Dans un intrados d'arceau, Jésus-Christ en buste, dans une gloire circulaire, soutient de ses mains la tête de deux chevaliers, dont l'un, surmonté du mot CASTITAS, tient d'une main un long bouclier pointu, et de l'autre une lance, qu'il enfonce dans la gueule d'un monstre, qu'il tient sous ses pieds et qui porte au-dessus de la tête le mot LVXVRIA. L'autre chevalier a disparu en partie. Pèlerinage très suivi pour la guérison de la peur.

Le prieuré de SAINT-GILLES, qui dépendait de l'abbaye de St-Calais, conserve encore un bâtiment du XIIIe siècle, avec rez-de-chaussée voûté et contre-forts aux angles. (Il a été possédé en commende, au XVIe siècle, par le poète Ronsard.)

Eglise paroissiale de Saint-Oustrille, au pied du château. Transformée en magasins. Construction primitive du XIe siècle. Plan rectangulaire, terminé par une abside demi-circulaire. Longueur totale, 30^{m}; largeur, 7^{m}. Addition, au XVe siècle, de chapelles latérales au nord et au midi. Celle du nord forme deux travées, surmontées à l'extérieur de deux pignons aigus.

Eglise de Saint-Laurent, autrefois simple chapelle, devenue paroissiale lorsque le vieux Montoire, trop resserré entre le coteau et le Loir, vint s'établir sur la rive opposée. La construction primitive, du XIe siècle, comprenait l'abside demi-circulaire, le chœur et une nef de 10^{m} de long sur 5^{m},10 de large. Colonnes engagées, supportant un arc-doubleau. Cordon à damier et dents de scie autour de l'abside et de l'archivolte des fenêtres. Addition, au XIVe siècle et au sud, d'une chapelle carrée, avec voûtes sur nervures, et d'un collatéral. Nef prolongée mesurant alors 18^{m},65. Traces de fondations en avant du pignon ouest indiquant une tour en pierre. Eglise actuellement en ruine.

Eglise paroissiale actuelle de Saint-Laurent, en remplacement de la précédente, trop éloignée du centre de la ville. Construction, de la fin du XVe siècle, remaniée à différentes reprises. Plan rectangulaire. Longueur, 41^{m} ; largeur, 10^{m}. Dix travées de voûtes en bois sur entraits. Addition, au XVIIe siècle, d'un collatéral nord de 23^{m},75 de long, sur 6^{m},25 de large. Pignon ouest incliné sur l'axe de l'église. Clocher en charpente, à deux dômes successifs, remplacé par un clocher en pierre. Prolongement récent de l'église à l'est. Châsse du XVIIe siècle, à deux pignons. Faces ornementées.

COUVENT DES AUGUSTINS, fondé en 1427, et converti en quartier de cavalerie. Superficie : un hectare environ. De l'église, dont la nef forme aujourd'hui l'entrée du quartier, il ne reste que le collatéral nord communiquant avec la nef par cinq arcades ogivales, reposant sur de gros piliers cylindriques. Cinq travées de voûtes sur nervures. Longueur, 34^m ; largeur, 5^m,70. La nef mesurait environ 40^m sur 10. Inscription du XVIe siècle sur le mur du nord. Orgues à l'entrée, avec une tête dite de *Galimard*. (Bulletin de la Soc. Arch. du Vend., 1867, p. 97.) Au nord, cour assez vaste, entourée de cloîtres, dont le côté ouest subsiste encore. Rez-de-chaussée en pierre, percé d'arcades ogivales, et surmonté de deux pans de bois successifs en retraite l'un sur l'autre, avec ouvertures en anse de panier. Galeries à jour. Pavillon du XVe siècle, avec une élégante fenêtre de l'époque au premier étage. Ancien réfectoire des moines, aujourd'hui écurie, de 19^m,20 de longueur sur 10^m de largeur. Façade au sud-ouest, avec une chaire saillante en dehors, surmontée d'un pignon aigu et communiquant avec l'intérieur du réfectoire. Nombreuses cellules au premier étage.

Chapelle, dite de l'HERMITAGE, bâtie sur la pente du coteau, à 300 mètres au nord-ouest du vieux château ; donnée, en 1659, ainsi que les bâtiments en dépendant, au couvent des Augustins, par *César de Vendôme*.

Ancienne maladrerie, dite LA MADELEINE, à 2 kil. à l'O.-N.-O. de Montoire, dont il reste une partie du mur d'enceinte et la chapelle, du XIe au XIIe siècle, convertie en grange. Plan rectangulaire, terminé par une abside demi-circulaire. Longueur, 12^m ; largeur, 5^m. Voûte en pierre, à cintre légèrement surbaissé. Porte d'entrée à deux archivoltes. Fenêtre romane très élancée au-dessus. Pignon à rampes, surmonté d'un campanile détruit. Murs de 1^m d'épaisseur, avec revêtement en pierres appareillées et joints de 0^m,03 d'épaisseur.

Chapelle de SAINT-ELOI, à 2 kilomètres au S.-S.-E. de la

ville, détruite en 1807. But d'un pèlerinage très fréquenté pour la guérison des clous et furoncles.

Le vieux Montoire, ou SAINT-OUSTRILLE, conserve encore plusieurs maisons en bois et en pierre des XVe et XVIe siècles. L'une d'elles présente un premier étage garni de colonnettes à chapiteaux corinthiens, supportant la corniche. La cheminée est terminée par un cordon à modillons, dont les quatre faces sont couronnées par des frontons circulaires, avec clochetons au-dessus et dans les angles.

Plusieurs maisons de la Renaissance sur la place de Montoire, une entre autres, bien conservée, composée d'un vaste bâtiment sur la rue et d'un autre en retour d'équerre sur la cour. Tourelle à pans à leur jonction. Porte d'entrée très délicatement ornementée. Façade sur la rue avec fenêtres à croisillons, aux deux étages, surmontées de lucarnes monumentales. Dans la rue Saint-Laurent, maison du XVe siècle, actuellement Hôtel de Ville. A la suite, l'Hôtel-Dieu et sa chapelle, du commencement du XVIIe siècle.

FARGOT, à 4 kilomètres au nord de Montoire, manoir du XIIIe au XIVe siècle, dont il reste un grand pavillon carré formant l'entrée. Large ouverture sur la cour, à triple archivolte ogivale, et, à l'opposé, porte du XVIIe siècle ; étage au-dessus. Murs de défense et ruisseau au-dessous.

A 1 kilomètre au nord-est de Montoire, au village du Tertre, ancienne habitation seigneuriale du XVe au XVIe siècle, dite *La Grand'Maison*. Pavillon à rez-de-chaussée et premier étage. Porte en anse de panier, accolade au-dessus, surmontée d'une petite fenêtre avec écusson.

MONTROUVEAU & MARCÉ.

A 13 kil. S.-O. de Montoire et à 32 kil. de Vendôme.

Moyen âge.

Eglise paroissiale de Saint-Blaise, du XIe au XIIe siècle,

remaniée à différentes époques. Nef rectangulaire et abside demi-circulaire. Longueur, 19m ; largeur, 6m,40. Mur du midi et fenêtres du XVe siècle.

Anciens fiefs de LA VILLE-DROUIN, LA VERRERIE, LE CHÊNE-AUX-BOURREAUX.

MARCÉ, ancienne paroisse réunie, en 1811, à Montrouveau. Eglise démolie et presbytère, entourés autrefois de fossés dont une partie subsiste encore.

LES ROCHES - L'ÉVÊQUE. ROCHÆ.

A 4 kil. au N.-E de Montoire et à 15 kil. de Vendôme.

Situé entre le coteau et la rive droite du Loir.

Epoque gauloise.

A 1 kilomètre au nord-est de l'église, sur le sommet du coteau, s'élève une butte ou tombelle de forme conique. De ce point on pouvait communiquer par des signaux avec Vendôme et Trôo.

Moyen âge.

Eglise paroissiale de Saint-Almir, du XIIIe siècle. Plan rectangulaire, terminé par une abside à cinq pans. Longueur, 26m ; largeur, 6m,50. Nef divisée en quatre travées par des faisceaux de colonnettes à chapiteaux, supportant les nervures de la voûte, haute de 9m. Au sud de la nef, tour rectangulaire saillante, formant chapelle voûtée au rez-de-chaussée, et terminée par deux pignons reliés par un toit. Cloche de 1777. Abside à cinq pans, percés d'une fenêtre élancée à meneaux et à trèfles. Nervures se réunissant à un écusson au milieu du sanctuaire. Sur l'autel principal, très beau tabernacle en bois, du XVIe siècle, provenant, ainsi qu'un grand Christ, de l'abbaye de la Virginité.

Chapelle de Saint-Gervais, creusée, à une certaine élévation, dans le rocher, presque au-dessous de la tombelle. On y parvient par deux escaliers étroits ayant un accès commun. Plan de forme irrégulière ; abside demi-circulaire. Longueur, 9m. Deux petites chapelles latérales, séparées par un gros pilier, ont conservé leurs autels et les bancs en pierre qui les entouraient. Des fresques, encore distinctes, tapissaient les parois et même les plafonds de ces chapelles. Une niche renferme la statue en bois de saint Gervais. La partie du rocher sur la vallée s'est écroulée. Cette chapelle dépendait du château de Boydan.

Chateau de Boydan. Grand pavillon du XVe siècle, à plusieurs étages et à contre-forts, appuyé perpendiculairement au rocher, avec lequel il communique, et où sont creusées plusieurs pièces éclairées sur la vallée par des fenêtres à croisillons. Murs d'enceinte très épais en avant du rocher.

Le bourg des Roches, très resserré entre le Loir et le rocher, s'élevant presque à pic et percé de nombreuses habitations, était clos au sud et au nord par des fortifications subsistant en partie et s'étendant du coteau à la rivière. La porte du sud conserve encore la naissance de la voûte de son porche et le bâtiment servant autrefois de corps-de-garde. Une troisième et principale porte, avec pont-levis, s'ouvrait sur le Loir, traversé par un ancien pont en pierre.

En dehors de l'enceinte fortifiée, au sud, restes d'une façade, en pierres appareillées, du XIe siècle, appuyée au rocher. Grande porte en plein cintre, fenêtre de même forme. La tradition rapporte qu'il a existé là un couvent.

Dans l'intérieur du bourg, nombreuses maisons des XIVe, XVe et XVIe siècles.

Ancienne léproserie, sur la rive gauche du Loir, réunie à l'Hôtel-Dieu de Montoire, en 1699.

A deux kilomètres au N.-N.-O. des Roches, dans un petit vallon très resserré, où coule un ruisseau, s'élevait autrefois l'ancienne abbaye de la Virginité, fondée dans le XIIIe siècle. Il reste peu de traces de ce couvent royal de Bernardines religieuses, de l'ordre de Citeaux. Fondations de l'église encore apparentes.

SAINT-ARNOULT. Sanctus Arnulphus.

A 6 kil. au S. de Montoire et à 20 kil. de Vendôme.

Moyen âge.

Eglise paroissiale du XIe au XIIe siècle, remaniée et agrandie à différentes époques. Nef rectangulaire, suivie d'un chœur et d'une abside demi-circulaire à l'intérieur seulement. Ces deux parties de l'église avaient, sur l'axe de la nef, une inclinaison très prononcée au sud-est. Elles viennent d'être reconstruites dans le prolongement. Fenêtres romanes murées dans le mur du nord de la nef. Porte et fenêtre du XVe siècle dans le pignon ouest. Plusieurs pierres de ce dernier, à l'extérieur, représentent des outils de laboureur, de serrurier, indiquant quelque fondation faite dans l'église par ces corps d'état. Monogramme du Christ sculpté dans un des panneaux de la porte.

Vestiges d'une ancienne chapelle de Saint-Marc, à 1,600 mètres au sud-ouest du bourg.

SAINT-JACQUES-DES-GUÉRETS. S[tus] Jacobus de Blemar.

A 6 kil. à l'O.-N.-O de Montoire et à 11 kil. de Vendôme.

Sur la rive gauche du Loir.

Moyen âge.

Eglise paroissiale de Saint-Jacques, du XIe au XIIe siècle. Nef rectangulaire de 17[m],33 de long, sur 7[m],55 de large, terminée par une abside en forme de fer à cheval, de 6[m],88 d'ouverture et 5[m],72 de profondeur. Voûte demi-sphérique. Fenêtres romanes étroites au midi et au nord de la nef et dans l'abside. Porte de la même époque, au sud, communiquant avec l'ancien prieuré. Dans le pignon ouest, saillie rectangulaire de 4[m],25 de large sur autant de hauteur, surmontée d'une corniche soutenue par huit modillons à figures frustes. Rampe aiguë de 2[m],50 au-dessus. Porte d'entrée au milieu, avec trois colonnettes de chaque côté.

Chapiteaux et impostes supportant une archivolte, aux nombreuses moulures variées et ornées de dents de scie, étoiles, zigzags, etc. A droite et à gauche de cette partie saillante, fenêtre circulaire de 1^m de diamètre et à $4^m,13$ au-dessus du sol.

SAINT-MARTIN-DES-BOIS. SANCTUS MARTINUS DE NEMORE.

A 1 kil. à l'O.-S.-O. de Montoire et à 21 kil. de Vendôme.

Epoque celtique.

A 1.500 mètres environ au N.-O. du bourg, au point culminant d'un coteau, dolmen, dont la table, de $3^m,70$ de longueur, sur $2^m,60$ de largeur, est montée sur cinq supports ; deux ou trois n'ont qu'un seul point de contact avec elle. Plusieurs pierres viennent s'y appuyer. Un grand nombre d'autres sont rangées à quelques mètres autour.

Autre dolmen moins important à peu de distance du château actuel.

Moyen âge.

Ancienne abbaye de SAINT-GEORGES-DU-BOIS, dont la fondation primitive, au VIe siècle, est attribuée à Childebert, et à Ultrogothe, sa femme, et remaniée presque entièrement, au XIe siècle, par Geoffroy Martel. Il reste encore, de cette époque, une chapelle de $10^m,50$ de longueur, sur $5^m,35$ de largeur, accolée à l'église du XIIe siècle. Trois travées de voûtes en plein cintre, séparées par des arcs-doubleaux. Abside demi-circulaire. Dans le pignon ouest, ouvertures géminées, avec moulures à dents de scie se profilant le long de la colonne qui les sépare. Ces ouvertures donnaient accès dans une construction démolie qui a dû être le clocher.

Eglise du XIIe siècle en forme de croix latine. Longueur actuelle, 23^m ; largeur, $7^m,50$; hauteur, 10^m. Terminée par une abside demi-circulaire à l'extérieur et à cinq pans intérieurement. La nef, jusqu'au transept, se composait de deux travées de chacune 9^m,10 de longueur, séparées par un faisceau de colonnes engagées. La première travée, à l'ouest, a été supprimée au commencement du siècle. Colonnes à chapiteaux, d'une ornementation très riche et très variée. Voûtes en pierres de petit appareil sur nervures à boudins. La voûte de la croisée du transept, plus élevée que celle de la nef, est portée sur huit nervures à boudins, formant au centre une rosace, et dont quatre des branches sont terminées par des figures drapées très allongées. Dans le bras gauche du transept, petite absidiole demi-circulaire à colonnettes et nervures. Les cinq pans de l'abside sont séparés par des colonnettes et nervures à boudins. Fenêtres aux larges embrasures. L'extérieur est construit en pierres d'un bel appareil.

Il reste encore, de cette ancienne abbaye, un vaste bâtiment de 43^m de longueur sur 9^m,20 de largeur, joignant l'église au midi, et renfermant, à ce point de jonction, une salle capitulaire de 8^m,50 de longueur, divisée en deux travées par des piliers à base et chapiteaux recevant la retombée des nervures des voûtes. Grandes et belles caves voûtées à l'autre extrémité du bâtiment. A ce dernier venait s'en joindre un autre, formant la demeure abbatiale. Il n'en reste que des caveaux souterrains. Enfin, un troisième bâtiment, parallèle au premier et aboutissant à l'église, formait une cour rectangulaire entourée de cloîtres.

A 36 mètres de la façade principale, et en contre-bas, on trouve les restes d'une ancienne chapelle souterraine. Sanctuaire voûté sur nervures à biseau soutenues par des culs-de-lampe, et, tout auprès, deux enfoncements de 1^m de profondeur et fermés en plein cintre. Construction en pierre de moyen appareil.

Ancienne église paroissiale et prieuré SAINT-PIERRE-DES-BOIS, renfermés dans l'enceinte de l'abbaye de Saint-Georges, qui en dépendait. Paroisse supprimée au commencement du siècle, et réunie à celle de Saint-Martin.

Eglise paroissiale de Saint-Martin, du XIe au XIIe siècle, remaniée et agrandie à différentes époques, et renfermant une nef, un chœur, un sanctuaire, deux chapelles latérales et une tour saillante au midi. La primitive église se composait de la nef actuelle, de 15m,80 de longueur sur 6m,50 de largeur. Porte d'entrée dans le pignon ouest, avec archivolte aux nombreuses moulures ornementées. Chœur et sanctuaire du XIIe siècle. Voûte sur nervures à boudins, supportées par des piliers demi-cylindriques. Longueur, ensemble, 13m. Chevet plat, percé de deux fenêtres en plein cintre, très élancées, 5m de hauteur sur 0m,60 de largeur. Une semblable au nord, dans le sanctuaire et dans le chœur. Tour du XIIIe siècle, saillante au midi sur le mur du chœur, formant chapelle au rez-de-chaussée. Sa forme carrée, jusqu'à une certaine hauteur, devient octogonale au-dessus, et se terminait autrefois par une flèche en pierre, dont il reste encore une partie. Cloche de 1515, avec sceau et inscription. Dans le prolongement Est de la tour, et correspondant au sanctuaire, chapelle du XIVe siècle, voûtée autrefois. A l'ouest de l'église, porche percé de trois ouvertures en plein cintre, surmontées d'une autre plus petite et d'un pignon aigu. Trois hauteurs différentes de toit pour le porche, la nef et le chœur.

A quelques mètres au S.-O. de l'église, ancienne maison, autrefois MAISON-DIEU DE SAINT-MARTIN.

SAINT-ETIENNE, vieille chapelle et cimetière dans le bas bourg.

SAINT-MERAULT, ancienne chapelle d'un prieuré conventuel, à 400 mètres au S.-E. du bourg.

Restes des bâtiments d'une maladrerie, à 600 mètres à l'ouest.

LA CHEVALINIÈRE, à 5 kilomètres au N.-N.-O. du bourg. Manoir du XVe siècle, avec tour polygonale saillante au milieu.

A 5 kilomètres au nord, RANAY, *Radenacum*, ainsi désigné dans une charte du XIe siècle. Ancien manoir, entouré de fossés profonds, remanié à différentes époques.

LA POMERAIE, fief du XVe siècle, avec perron couvert en avant; grosse tour à l'un des angles.

SAINT-QUENTIN-DES-VARENNES. Sanctus Quintinus.

A 4 kil. à l'O.-N.-O. de Montoire et à 22 kil. de Vendôme.

A 500 mètres de la rive droite du Loir.

Moyen âge.

Eglise paroissiale de Saint-Quentin, du XIe siècle, comprenant une nef, un chœur et un sanctuaire, de différentes hauteurs et largeurs. La nef, de 11m,30 de longueur sur 6m,40 de largeur, est jointe au chœur par une arcade en plein cintre. Le chœur et l'abside viennent d'être reconstruits dans le même style et les mêmes dimensions que les précédents. La partie intéressante de cet édifice est le porche qui le précède, de même largeur que l'église et de 5m,50 de profondeur. Porte en plein cintre sur la façade. A droite et à gauche, fenêtres géminées de même forme, séparées entre elles par deux colonnes accouplées, reposant sur une même base et mariant ensemble leurs chapiteaux. Ouverture de chaque fenêtre, 0m,52; hauteur, 1m,50. Elévation au-dessus du sol, 0m,92. Fenêtre simple, de même dimension, au nord et au midi. Curieuse porte romane dans le pignon.

A 1 kilomètre au N.-O., Chalay, manoir remanié, bâti à mi-côte.

En face, anciens moulins sur le Loir.

SAINT-RIMAY. Sanctus Richimirius.

A 7 kil. à l'E.-N.-E. de Montoire et à 18 kil. de Vendôme.

Sur un ruisseau dit le *Gondré,* sortant de la fontaine de ce nom.

Epoque gauloise.

Le long du coteau qui sépare la commune en deux, et peu éloigné de la rive gauche du Loir, dans une longueur de 2,500 mètres environ, on rencontre de nombreuses et curieuses grottes creusées dans le rocher. La première, au N.-O., présente une voûte épaisse de 3 à 4 mètres, traversée verticalement par deux ouvertures circulaires, l'une de 2^m et l'autre de $2^m,50$ de diamètre, assez rapprochées l'une de l'autre, et communiquant entre elles par un passage étroit en plein cintre.

A l'extrémité Est, dans un endroit où le coteau, taillé à pic, est le plus élevé, et on aperçoit, à différentes hauteurs, trois étages de grottes, d'un très difficile accès. Le premier étage est impénétrable, par suite d'éboulements. On arrive au second par une ouverture présentant les traces d'une herse, donnant entrée dans une salle de $6^m,40$ de longueur sur 4 mètres de largeur. Marches d'escalier creusées dans la paroi du fond, et conduisant, par un trou pratiqué dans la voûte, au troisième étage, composé de plusieurs pièces. L'épaisseur de la voûte n'excède pas $0^m,50$ à $0^m,60$. Admirable point de vue sur la vallée.

Hache en grès poli trouvée près de là.

Importante découverte, en février 1869, d'un tombeau gaulois, dans un pré dit d'Envernois, à 1,200 mètres environ à l'O.-N.-O. de Saint-Rimay, sur la rive gauche du ruisseau du Gondré, et à 1 kil. au N.-N.-E. de Villavard.

Au milieu de la prairie, apparaissait un exhaussement du sol, ne nuisant en rien à l'exploitation des fourrages; mais lorsqu'on voulut y promener la charrue, elle vint se heurter à un grand bloc de pierre de 3^m de longueur sur 2^m de largeur, et de $0^m,30$ à $0^m,40$ d'épaisseur, du poids de 3 à 4,000 kilogrammes. Il repose sur quatre supports, verticalement placés, formant une sorte de *cella*, de $1^m,60$ de longueur sur $0^m,80$ de largeur, et $0^m,70$ de hauteur, avec un fond pavé en pierres plates. Les objets trouvés à l'intérieur consistaient en ossements et dents d'animaux (chèvre ou mouton), placés au fond; plus une bande de cuivre recourbée de $0^m,03$ sur $0^m,05$, sans traces d'ossements humains. La *cella* était remplie de terre, amenée par infiltration à travers les fissures des parois. A l'extérieur, le long des supports, assez grande quantité de fragments de vases d'une poterie grossière. (Voir pour la description le Bulletin de la Société Archéologique du Vendomois de 1869, p. 107 (1).)

Epoque romaine.

Clef gallo-romaine et tuiles à rebords de grandes dimensions trouvées au même endroit.

Moyen âge.

Le long du même coteau, au lieu dit Cherchenoix, enceinte renfermant les ruines d'anciennes constructions dépendant autrefois d'un couvent. Traces d'incendie. Quatre squelettes enfouis découverts dans des fouilles récentes. Belle fontaine dans le voisinage.

Courtemblay, ancien fief. Grand bâtiment du XVe siècle, appuyé perpendiculairement au rocher. Fenêtres à croisillons, cheminées armoriées. Murs d'enceinte épais, percés de portes, à l'est et à l'ouest.

Fleurigny. Ancien manoir, nouvellement reconstruit, ayant appartenu à la famille Ronsard. Toute cette partie de la commune longe la rive gauche du Loir.

Piquant, manoir à 3 kilomètres au N.-O. du bourg, entre le Loir et le coteau.

Dans le bourg de Saint-Rimay, monastère fondé au VIIe siècle, près d'une fontaine, par Richimir, appelé vulgairement Saint-Rimay. Il n'existait déjà plus au XIe siècle. Une ancienne chapelle demeura debout, jusqu'au commencement du siècle, auprès d'un bâtiment du XVIe siècle, bâti sur les ruines de l'ancien couvent. Dans la cour, se trouve l'entrée de l'escalier conduisant à des souterrains s'étendant très loin.

Eglise paroissiale de Saint - Rimay, du XIe siècle, à

(1) Une sépulture semblable, rencontrée aux environs de Golasecca, à l'extrémité N.-O. de la Lombardie, a été décrite par M. de Mortillet, qui a bien voulu, ainsi que M. Quicherat, nous aider de ses conseils.

50 mètres environ de la chapelle détruite. Plan rectangulaire, comprenant une nef et un chœur de largeurs différentes. Longueur totale, 24^{m}; largeur de la nef, 7^{m},35; du chœur, 5^{m},60. Fenêtres romanes au midi et au nord, ogivales dans les deux pignons. Clocher en charpente, et cloche de 1689, provenant des Ursulines de Vendôme. Murs autrefois tapissés de fresques. Rétables en pierre de 1729. Construction récente, à la jonction de la nef et du chœur, de deux chapelles latérales formant bras de la croix.

Saint-Nicolas, à 3 kilomètres à l'ouest du bourg. Chapelle du XIe siècle, dépendant autrefois des Roches, qui avait là une maladrerie. Nef rectangulaire, terminée par une abside demi-circulaire. Longueur, 15^{m},30; largeur, 5^{m}. Voûte en plein cintre sur arcs-doubleaux peu saillants. Modillons variés, supportant la corniche de l'abside. Portes et fenêtres romanes dans le pignon ouest. Plusieurs cercueils en pierre trouvés dans le voisinage.

TERNAY.

A 8 kil. S.-O. de Montoire et à 27 kil. de Vendôme.
Commune arrosée par la petite rivière de la *Cendrine* & par le ruisseau du *Merderon*, à l'est.

Epoque celtique.

Débris d'un dolmen, dont la table, renversée, mesure 2^{m} sur 1^{m},50.

Epoque romaine.

Voie antique du Mans à Tours, passant par Sougé, Artins, Ternay. Dans le bas bourg, vestiges nombreux de fondations indiquant des constructions importantes; briques à rebords, fragments de poterie, amas de scories, dont le sol est jonché. Médailles d'or trouvées aux environs de Ternay. Au sud et sur le coteau dominant le bourg, traces d'une enceinte fortifiée, fossés autour.

Moyen âge.

Église paroissiale de Saint-Pierre et Saint-Paul, du XIe au XIIe siècle, remaniée et agrandie. La nef formait la primitive église. Longueur, 16^{m},15 ; largeur, 7^{m},85 ; hauteur, 6^{m},55. Au midi, sous la corniche, trois petites fenêtres romanes murées, sous lesquelles on a percé trois fenêtres ogivales. Porte dans le pignon ouest, avec colonnettes et archivolte ornementée. Litre extérieure. Chœur du XVe siècle. Longueur, 13^{m},30 ; largeur, 8^{m},50. Litre intérieure. Tour carrée de 2^{m},65 de côté dans œuvre, à la jonction de la nef et du chœur. Contre-forts aux angles, s'élevant jusqu'à la corniche. Fenêtre en plein cintre sur trois faces. Partie quadrangulaire en charpente au-dessus et flèche octogonale. Hauteur totale, 30^{m}. Chapelle latérale au nord du chœur, de 4^{m} de côté.

La Cour de Ternay, à 1 kilomètre à l'O.-S.-O. du bourg. Ancien manoir seigneurial, dont on retrouve encore de nombreuses fondations en avant du rocher auquel il était adossé. Ce dernier était percé de souterrains communiquant les uns dans les autres. L'un d'eux mesure 20^{m} de long sur 7^{m},16 de large. La voûte, en anse de panier, de 4^{m},20 de hauteur, est soutenue par deux piliers carrés. L'extrémité de cette salle, débouchant dans un premier caveau, est fermée par un mur épais, en pierres d'appareil, percé d'une porte à cintre brisé, du XIIIe siècle. A l'autre extrémité, existe un second caveau en retour d'équerre, long de 8^{m},35 sur 5^{m} de large. A leur point de jonction, sont adossées deux colonnettes monolithes, du XIIe siècle, dont on ne voit pas bien l'emploi. Les parois de ces souterrains, enduites de ciment, sont tapissées de plusieurs rangées d'écussons de forme allongée, aux armoiries disparues. La voûte est sillonnée de longues lignes formant des coupes de pierre. La seule ouverture de l'époque, très étroite et percée dans une épaisseur de rocher de 3^{m}, ne permettait d'habiter cette salle qu'aux flambeaux.

Prieuré de Sainte-Madeleine de Croixval, à 2 kilomètres

S.-S.-O. de Ternay, de la fin du XIIe siècle. Enceinte de murs épais. Chapelle de 17m de long sur 7m de large, dont il reste encore la porte d'entrée, curieux spécimen de l'époque. Maison d'habitation du XVIe siècle. A l'est du bâtiment, souterrains voûtés de 18m,15 de long sur 2m,25 de large, précédés d'un espace carré à voûtes d'arête. (Ce prieuré, avec son titre de baronnie, était possédé en commende, au XVIe siècle, par le poète Ronsard.)

Bois-Frélon, ancien manoir seigneurial, à 1,500 mètres à l'est du bourg, au sommet du coteau. Enceinte rectangulaire de murs, flanqués de tours aux angles. Porte crénelée à l'est et à l'ouest. Grande tour ou donjon circulaire du XIe au XIIe siècle, percée, au XVIe siècle, de fenêtres à meneaux dans les trois étages. Tourelle extérieure pour l'escalier. Pavillons à la suite. Dans l'un d'eux, cheminée du XVIe siècle avec inscription. A l'angle N.-E. de l'enceinte, chapelle voûtée en pierres appareillées.

TRÉHET.

A 19 kil. à l'O.-S.-O. de Montoire et à 38 kil. de Vendôme.

Bourg situé au pied du coteau,

arrosé par un ruisseau venant de Villedieu.

Moyen âge.

Eglise paroissiale de la Sainte-Vierge, du XIe siècle. Nef rectangulaire, terminée par une abside demi-circulaire. Longueur totale, 14m,60 ; largeur, 7m,30. Fenêtres romanes, véritables meurtrières, au nord et au sud. Abside voûtée en cul-de-four et tapissée de fresques à personnages. A l'extérieur, corniche supportée par des modillons frustes. A 100 mètres environ au sud-ouest de l'église, ruines d'une ancienne chapelle du XIIe au XIIIe siècle, construite moitié dans le rocher, moitié en dehors, et composée de trois travées, mesurant ensemble 16m,40 de profondeur sur 5m,80 de largeur. Dans la première travée, extérieure au rocher, colonnes cylindriques supportant la naissance de nervures à boudins. Voûte d'arète écroulée. La deuxième travée, sous le rocher, a conservé sa voûte. La troisième travée garde encore quelques revêtements de murs latéraux. Dans la deuxième travée, arcades en plein cintre à droite et à gauche, indiquant l'entrée de chapelles latérales. Devant l'ouverture de gauche, on a construit, au XVIe siècle, une immense et bizarre cheminée de 3^m,10 de large, y compris les jambages. Ces derniers, composés d'une partie verticale de 1^m,21 et de consoles saillantes, supportant deux énormes sommiers, réunis ensemble par un arceau en plein cintre formant le manteau de la cheminée. (Quelle a pu être la destination de cette chapelle ainsi transformée ? La tradition est muette ; elle rapporte cependant qu'il existait une maladrerie à Tréhet ; cette chapelle en dépendait-elle ?)

Dans le voisinage, maison très élevée du XVe siècle. Rez-de-chaussée en pierres. Premier étage en colombages disposés symétriquement.

TROO. Truglæ. Treuga (1).

A 6 kil. à l'O.-N.-O. de Montoire et à 25 kil. de Vendôme.

Ancienne petite ville située sur la rive droite du Loir, qui coule au pied, et en amphithéâtre sur le flanc méridional du coteau.

Epoque gauloise.

Deux buttes ou tombelles sont placées dans la direction du nord au sud, sur le sommet du coteau, très élevé en cet endroit ; l'une en dehors de la porte septentrionale ; l'autre, beaucoup plus importante, à quelques mètres au sud de l'église. Celle-ci, de forme elliptique à la base,

(1) Ce bourg, bâti en amphithéâtre sur une sorte de cône tronqué, renferme une grande quantité d'habitations dans le rocher.

mesure 55ᵐ sur 48ᵐ et 14ᵐ de hauteur. Un sentier en spirale, pratiqué sur les flancs, conduit à une plate-forme d'où l'on jouit d'une vue admirable. L'autre butte mesure à la base 26ᵐ sur 21ᵐ et 8ᵐ de hauteur. (Elle s'appelle dans le pays *Marcadet* ou *Marcadat*, du nom d'un général tué en cet endroit, en faisant le siège de Trôo.) Dans une rue, placée vers le milieu de la hauteur du coteau, on trouve l'entrée de nombreuses grottes à plusieurs étages et se ramifiant dans tous les sens. A une certaine profondeur, commence une sorte de boyau de 1ᵐ de large et de 1ᵐ,50 de hauteur, conduisant, avec une pente de 0ᵐ,40 par mètre, dans la direction de la butte ou du vieux château. Au point où finit le rocher, ce boyau se poursuit encore dans la terre, avec les mêmes dimensions, jusqu'à un éboulement.

Epoque romaine.

Voie antique traversant la commune. Nombreuses pièces romaines en bronze petit module, de la deuxième moitié du IIIᵉ siècle (Posthume, Victorin, les deux Tetricus).

Moyen âge.

Eglise collégiale et paroissiale de Saint-Martin, du XIIᵉ siècle, élevée sur le point culminant du coteau. Plan en forme de croix latine, terminée par une abside demi-circulaire. Longueur totale, 42ᵐ,50 ; largeur, 7ᵐ,50. La nef, de 20ᵐ de long, renferme deux travées séparées par un faisceau de cinq colonnes engagées supportant les nervures à boudins des voûtes de 13ᵐ,40 de hauteur. De grandes ouvertures ogivales murées occupent tout l'espace entre ces faisceaux de colonnes. Ces vides ont-ils été ménagés dans la prévision de bas-côtés à construire, ou sont-ils simplement des arcs de décharge pour les murs? Aux quatre angles de la croisée du transept, des énormes faisceaux de colonnes, engagées sur piliers, supportent des arcs-doubleaux destinés à porter les murs d'une tour quadrangulaire s'élevant au-dessus. Chaque face de cette tour est percée de deux fenêtres ogivales à lancettes, ornées de colonnettes. Elles reposent sur un cordon à modillons couronnant trois fenêtres aveugles en plein cintre. Une flèche en pierre, détruite par le feu du ciel, en 1737, a été remplacée par un toit en charpente, s'élevant à 50m au-dessus de l'église. Les deux bras de la croix ont aussi perdu leurs voûtes par la chute de la flèche. Longueur du transept, 24m : largeur, 6m,58. Petite absidiole dans le bras sud. Escalier en pierre conduisant sur les voûtes. Le chœur et le sanctuaire renferment deux travées. Dans la première, fenêtre murée à droite et à gauche. Arcades au-dessous, également murées, s'ouvrant autrefois dans des chapelles dont il reste encore une partie de celle du nord. Le sanctuaire, demi-circulaire à l'extérieur et à cinq pans à l'intérieur, est percé de cinq fenêtres séparées par des colonnettes, supportant les nervures de la voûte. L'embrasure profonde de la première fenêtre, à gauche, est remplie par la façade décorative à jour d'un tombeau du XIVe siècle. Pignon ouest de 9m,75 de largeur sur 18m de hauteur. Contre-forts aux angles, réunis au sommet par une arcade à cintre brisé et à voussures, renfermant autrefois des niches à personnages. Porte romane accompagnée de deux arcatures plus étroites, mariant ensemble leurs archivoltes ornementées. Belle fenêtre au-dessus. Les chapiteaux des colonnes, à l'intérieur, offrent une grande variété et une grande richesse de sculpture. Statue en terre cuite de la Vierge, de 1m,50 de hauteur. Inscription en vers, de 1519, sur une plaque de cuivre.

Prieuré de Notre-Dame des Marchais, à 200 mètres à l'est de l'église, fondé en 1124. Chapelle ou plutôt église en forme de croix latine. Longueur, 40m ; largeur, 8m. Longueur du transept, 27m ; largeur, 7m,30. Il reste encore, de cet important édifice, une partie des murs du sanctuaire, du chœur et le bras nord de la croix, dont le pignon appartient à une construction du XIe siècle. Dans l'abside demi-circulaire, fenêtres en plein cintre, encadrées dans des colonnes aux riches chapiteaux. A l'angle extérieur, formé par l'abside et le bras nord du transept, restes d'une tour contenant un escalier. Pèlerinage à la Vierge, autrefois très fréquenté. Bâtiments du prieuré, du XVe siècle, assez bien conservés.

Chapelle SAINT-MICHEL, du XIe au XIIe siècle, appuyée sur le mur d'enceinte à l'ouest, près de la porte de ce nom. Plusieurs parties de cette construction, de 20[m] de long sur 10[m] de large, subsistent encore.

Chapelle de SAINT-GABRIEL, placée à mi-côte au milieu des grottes servant d'habitations, et détruite en 1824. Elle passait pour la plus anciennement fondée.

Ancienne église paroissiale de SAINTE-CATHERINE, à l'entrée de la rue qui porte ce nom. Crypte voûtée sur arcs-doubleaux supportant l'église supérieure, composée d'une nef de 20[m] de long sur 10[m] de large, et d'un collatéral au sud.

Chapelle de NOTRE-DAME DE PITIÉ, au nord-ouest de l'église. Il en reste encore le pignon avec une fenêtre ogivale à meneaux. Non loin de cette chapelle, restes d'une ancienne construction en pierres appareillées, avec bandeau supportant une fenêtre romane. Large contre-fort dans l'angle.

Au château de LA VOUTE, remplaçant un ancien manoir, chapelle de NOTRE-DAME DE LORETTE, dépendant des Augustins de Montoire. Fenêtre ogivale dans le pignon ouest.

A 1 kilomètre à l'ouest de Trôo, chapelle SAINT-MANDÉ, dont on a détruit récemment l'abside demi-circulaire voûtée qui subsistait encore.

Maladrerie, située en dehors de l'enceinte fortifiée, auprès de la porte de l'Est. Façade sur la rue, assez bien conservée, en pierres de moyen appareil, du XIe au XIIe siècle. La partie inférieure est percée de deux portes romanes, appuyant leurs archivoltes sur un cordon régnant dans toute la longueur. Niche entre les deux portes. La partie supérieure présente quinze arcatures, de 1[m],30 chacune, séparées par une colonnette saillante. Quatre d'entre elles sont percées de petites fenêtres de 0[m],60 d'ouverture.

La corniche n'existe plus. Cette façade, de 22m de longueur sur 8m de hauteur, formait le mur du nord de la chapelle à l'intérieur ; ce mur contient des faisceaux de colonnes engagées et des naissances de nervures indiquant deux travées de voûtes. Fenêtre du XVIe siècle percée dans l'abside. Restes mutilés d'un groupe demi-nature représentant le Père Eternel assis, ayant le Saint-Esprit sur la poitrine et Jésus crucifié entre ses genoux.

Trôo renfermait deux enceintes de murailles, d'époques différentes. La plus ancienne, du Xe au XIe siècle, occupant le sommet du plateau, conserve une partie de ses murs flanqués de tours et deux fragments des portes de l'ouest et du nord. Cette primitive enceinte, d'une superficie de 7 hectares environ, contenait l'église collégiale, plusieurs chapelles et le vieux château, au sud-ouest, du XIIe siècle, appelé *Le Louvre,* espèce de citadelle aux épaisses murailles. Au XIVe siècle, l'agrandissement de la ville nécessita une seconde enceinte de murs, précédés de larges fossés partant de la porte du nord et venant aboutir au Loir, en suivant toutes les sinuosités du coteau. Une ceraine longueur subsiste encore.

Sur le point le plus élevé du coteau, on rencontre un puits de 45m de profondeur et de 2m de diamètre. Des refuges sont pratiqués de distance en distance.

Trôo conserve encore plusieurs maisons anciennes. Dans l'une d'elles, appelée Bille-Barry, bâtie sur le rocher, on trouve un escalier conduisant à une sorte de chapelle souterraine en forme de croix latine, avec voûte sur nervures biseau.

VILLAVARD. Villa Vardi.

A 5 kil. à l'E. de Montoire et à 11 kil. de Vendôme, sur la rive gauche du Loir, et arrosé par le ruisseau de Sasnières.

Moyen âge.

Eglise paroissiale de la Sainte-Vierge, du XIe au XIIe

siècle, remaniée à différentes époques. Nef et chœur rectangulaires. Longueur totale, $20^m,60$; largeur de la nef, 7^m ; du chœur, 5^m. Fenêtres romanes au nord et au sud. Arcades à cintre brisé, séparant la nef du chœur. Pignon occidental très élancé, à rampes ornées de crosses. Porte romane remaniée ; moulures à dents de scie. Fenêtre du XVe siècle, au-dessus. Clocher quadrangulaire en charpente, terminé par une flèche octogonale. Cloche de 1568. Ancienne statue en bois de la Vierge noire ; but d'un pèlerinage très fréquenté.

SAINT-JEAN DU TEMPLE. Ancienne commanderie des Templiers, sur le sommet du plateau, à 3 kilomètres au sud-est du bourg. Vaste enclos de 2 à 3 hectares, ceint de murailles de $0^m,80$ d'épaisseur, dont il reste encore plusieurs fragments. Nombreux vestiges de fondations, indiquant d'importantes constructions.

Chapelle du XIIe siècle, en partie détruite. Plan rectangulaire, terminé par une abside demi-circulaire. Longueur totale, 21^m ; largeur, 7^m. Murs de $1^m,40$ d'épaisseur, avec revêtement en pierres d'appareil sur les deux faces. Trois fenêtres romanes dans l'abside, reposant sur un cordon à dents de scie se reproduisant à l'extérieur. Naissances de voûtes en plein cintre dans la nef. Vestiges de fresques. Des fouilles à l'intérieur ont fait découvrir six urnes en terre, pleines de charbon, et quatre cercueils en pierre avec couvercle. L'un d'eux, à son extrémité la plus large, renferme une pierre creusée, en forme d'oreiller, pour y placer la tête.

Sur la pente du coteau, on rencontre un certain nombre de maisons de la Renaissance. (Anciens fiefs dans la commune : VAUPIAN, à l'E. ; LA COCHETIÈRE, au S.-E. ; et LANGERON, au S.)

VILLEDIEU. VILLA DEI.

A 19 kil. à l'O.-S.-O. de Montoire et à 38 kil. de Vendôme.

Moyen âge.

Chapelle et prieuré du XIe siècle, dépendant de l'abbaye

de la Trinité de Vendôme. De 1380 à 1385, on en fit une citadelle, entourée de murailles flanquées de tours et fossés, traversés par un pont-levis communiquant avec le bourg. Vaste prairie au nord, pouvant être convertie en un étang par les eaux très abondantes d'une fontaine appelée *La Bouillante*. Enceinte irrégulière, de 112^{m} de long sur 75^{m} de large.

Chapelle primitive de NOTRE-DAME, remaniée et agrandie au XIIe siècle. Plan en forme de croix latine, dont il reste encore quelques fragments des murs de la nef et du sanctuaire. Ornementation riche et variée des chapiteaux. Cet édifice, alors église paroissiale de Villedieu, tombant en ruine à la fin du XVe siècle, fut abandonné pour être reconstruit en dehors de l'enceinte du château.

Eglise paroissiale de SAINT-JEAN, de 1492. Plan rectangulaire. Longueur, 35^{m},60; largeur, 11^{m},85; hauteur, 8^{m},30. Grande et belle fenêtre dans le pignon Est. Tour carrée en saillie, à l'angle sud-ouest de la nef. Sous l'une des fenêtres au nord, petite porte de la Renaissance, avec accolade et niche au-dessus. Restes de vitraux, assez bien conservés, dans une fenêtre au sud : *Jésus au Jardin des Oliviers, la Trahison de Judas, la Guérison de Malthus.* Dans la fenêtre à l'Est, vitrail représentant la Trinité. Au-dessus du banc-d'œuvre, grand panneau en bois, du XVe siècle, venant de l'église du château. Il est divisé en cinq compartiments, sur lesquels sont peints: *l'Annonciation, la Nativité, le Crucifiement, l'Ensevelissement,* et, dans le dernier, *la Mort de la Vierge.* De la même église, sont sortis : un *Ecce Homo,* en terre cuite, de 0^{m},70 de hauteur, assis sur son manteau, les mains liées, et un beau groupe demi-nature, aussi en terre cuite, représentant *la Vierge tenant le Christ sur ses genoux, avant l'ensevelissement.* Ce groupe est l'objet d'un pèlerinage très suivi. (Le fond de l'église vient, tout récemment, d'être transformé, par la construction d'un autel élevé sur une plate-forme, à laquelle conduit un double escalier.)

Chapelle de SAINT-LAURENT, du XIe siècle, dans le cimetière de la paroisse. Longueur, 13^{m},30 ; largeur, 6^{m},12. Fenêtres romanes au midi et au nord. Porte à l'ouest, avec archivolte ornée d'étoiles. Traces, dans le pignon ouest, d'une arcade en plein cintre, réunissant autrefois la nef à une abside demi-circulaire.

Restes d'une chapelle de SAINT-EUTROPE, dans le centre du bourg, bâtie en pierres appareillées. L'épaisseur des murs indique qu'elle a dû être voûtée. Largeur, 5^{m}.

Chapelle SAINT-ROCH, à 3 kilomètres à l'ouest du bourg. Pèlerinage très fréquenté pour la guérison des maladies épidémiques.

Autre chapelle de SAINTE-MARIE.

HAUTE-FORÊT, à 1,500 mètres au sud-est. Ancien manoir, conservant encore des cheminées armoriées.

LA RIBOCHÈRE, à 2 kilomètres au nord. Importante construction du XVIIIe siècle, dont il ne reste qu'un pavillon.

CANTON DE MORÉE

(Chef-lieu : MORÉE.)

13 Communes :

**BRÉVAINVILLE, BUSLOUP, DANZÉ,
FRÉTEVAL, LIGNIÈRES, LISLE, MORÉE,
PEZOU, RAHARD,
SAINT-FIRMIN-DES-PRÉS, SAINT-HILAIRE-LA-GRAVELLE,
SAINT-JEAN-FROIDMENTEL, LA VILLE-AUX-CLERCS.**

BRÉVAINVILLE. BREVANULLA.

A 7 kil. S.-E. de Morée et à 28 kil. de Vendôme.

Situé en partie sur le coteau, et en partie dans la plaine.

Epoque celtique.

A 6 kilomètres à l'ouest de Brévainville, sur la rive gauche du Loir, dolmen du Breuil, composé d'une table irrégulière de $3^{m},35$ de longueur sur $2^{m},30$ de largeur, reposant sur trois supports de différentes dimensions. Plusieurs blocs disséminés alentour.

Epoque romaine.

A 1,500 mètres au sud de ce dolmen, à un point très resserré entre le coteau et la rivière, restes d'une ancienne construction gallo-romaine, de forme rectangulaire, mesurant 15^{m} sur 12^{m}. Cet espace est couvert d'une quantité considérable de briques de toutes formes, et de pierres échantillonnées. Cette ancienne construction, appelée encore dans le pays *Le Vieux Château de la Barrière,* n'aurait-elle pas été élevée, comme son nom semble l'indiquer, pour commander le cours du Loir, qui en baigne presque le pied, et l'antique voie longeant le coteau, distant de 100 mètres ?

Moyen âge.

Eglise paroissiale de Saint-Médard, du XIe siècle. Nef rectangulaire, de 14^{m} de longueur sur 7^{m},85 de largeur. Au midi et au nord, deux fenêtres romanes, très étroites et élevées au-dessus du sol. Addition à l'Est, au XIIIe siècle, d'un prolongement de 7^{m} sur 5^{m},85. Pignon percé de trois fenêtres élancées, à cintre brisé.

A 2 kilomètres au S. de Brévainville, SAUNAY, ancien fief entouré de douves.

SAINT-CLAUDE-FROIDMENTEL. *Sanctus Claudius de Frigido Mantello*, à 2,500 mètres à l'ouest de Brévainville. Ancienne paroisse, réunie maintenant à cette commune. Eglise de deux époques bien distinctes. Chœur et abside demi-circulaire, du XIe au XIIe siècle. Longueur ensemble, 12^{m},60 ; largeur, 8^{m}. Le reste de l'église date de la Renaissance. Longueur, 16^{m} ; largeur, 8^{m},20. Dans le pignon ouest, porte fermée en anse de panier, avec accolade entre deux piliers prismatiques. Coquilles et fleurs de lys en relief ; cul-de-lampe destiné à recevoir une statue. Fenêtre ogivale au-dessus. Rampes du pignon, terminées par une statue brisée. Petite porte latérale, au midi, ornementée comme celle de l'ouest. A l'intérieur, tombeau en pierre de Jehan de Montigny (1545). Deux restes de vitraux. Cloche de 1678, fondue avec les débris d'une cloche de 1524, époque probable de la construction de cette partie de l'église.

Fontaine, à l'Est, dans une coupure du coteau. Pèlerinage autrefois très suivi.

A quelques mètres du pignon ouest de l'église, placée sur le sommet d'une colline abrupte, se trouve un emplacement quadrangulaire, de 20^{m} sur 25^{m}, couvert de fondations. Un reste de tour carrée, de 3^{m} de côté, s'élève à l'angle nord-ouest, et semble se relier, par un mur de 80^{m} de long, à un donjon garni autrefois de mâchicoulis, et défendu, du côté du plateau, par une enceinte en terre en forme de cavalier.

A 7 ou 800 mètres au sud de l'église, quelques traces de la chapelle et du prieuré de SAINT-ETIENNE, dépendant de l'abbaye de Saint-Laumer de Blois.

BUSLOUP. BULLOTUM.

A 10 kil. à l'O.-S.-O. de Morée et à 16 kil. de Vendôme.

Arrosé par le ruisseau de La Ville-aux-Clercs.

Epoque romaine.

Ancienne route du Mans à Orléans, traversant la vallée au sud du bourg.

Moyen âge.

Eglise paroissiale de Sainte-Anne et Saint-Pierre, du Xe au XIe siècle, remaniée et agrandie à différentes époques. Plan rectangulaire. Longueur, 32^m ; largeur, 8^m,60. Le milieu de l'église, sur une longueur de 12^m environ, date de la fin du Xe siècle. Petites fenêtres ou meurtrières, de 0^m,15 d'ouverture, et très élevées au-dessus du sol. A la fin du XVe siècle, prolongement, à l'Est, de la vieille construction romane. Au XVIe siècle, nouveau prolongement, de 7^m environ, à l'ouest. Portes géminées dans le pignon, avec accolades aiguës à choux frisés. Piliers à niches et pinacles. Fenêtre ogivale au-dessus. Chapelles latérales modernes, formant transept.

Au sud-ouest de l'église, ancienne chapelle et prieuré de SAINT-PIERRE, l'un des plus anciens de l'Abbaye de la Trinité de Vendôme ; démoli au commencement du siècle.

Vieille maison du bourg, portant encore le nom de *Vicariat.*

Sur un point élevé du coteau, au nord-est de l'église, ancienne construction aux épaisses murailles, demeure probable du seigneur de Busloup.

GROS-CHÊNE, à 1 kilomètre au N.-E. du bourg, commanderie des Templiers, dépendant de celle d'Arville (canton de Mondoubleau), et devenue depuis commanderie de Malte.

Gros-Chêne avait maison d'audience, geôle et prisons très fortes ; le tout converti en ferme.

A 2 kilomètres au nord du bourg, on voit encore, dans le fond du vallon, les fondations d'une chapelle de Saint-Etienne, située auprès d'une fontaine. But de pèlerinage pour les convulsions des enfants.

Le château DES MUSSETS, au-dessus de cette chapelle. Enceinte rectangulaire, de 100m de long sur 40m de large, tours aux angles. Construction du XVe siècle, remaniée depuis.

Chapelle moderne de Sainte-Radegonde, dans le vallon, à 1,500 mètres des Mussets, élevée sur l'emplacement d'une ancienne chapelle de Sainte-Madeleine. Prieuré dépendant des Prémontrés de l'abbaye de l'Etoile. Pèlerinage très fréquenté.

MAUVOISIN. Sur les limites de la forêt de Fréteval, en partie dans la commune, dans un terrain très accidenté. Enceinte presque circulaire, de 160m de diamètre, bordée de fossés larges et profonds. Restes de la motte sur laquelle s'élevait le donjon. Puits auprès. Débris de constructions formant autrefois l'entrée. Enceinte demi-circulaire en avant et aboutissant à de vastes étangs.

RICHERAY, ancien château fort, peu éloigné du précédent, entouré de fossés et d'étangs. Restes de constructions. Jolie fontaine sous une voûte en pierres et briques.

LA DEVAUDIÈRE, au N.-O. de Busloup; ancien fief royal, dépendant du duché de Vendôme.

DANZÉ. DANSEIUM.

A 17 kil. à l'O.-S.-O de Morée et à 15 kil. de Vendôme.

Arrosé par le Boulon. — 150m d'altitude.

Epoque romaine.

Voie antique du Mans à Orléans, s'embranchant avec une autre se dirigeant sur Vendôme.

En avril 1848, dans un champ, à deux kilomètres au nord du bourg, la charrue mit à découvert un coffre en bois contenant une grande quantité de médailles romaines en argent et en bronze, de Gallien, Claude, etc., etc., ainsi qu'une collection de bijoux, formant la parure complète d'une dame romaine, savoir : 1° un collier long d'environ 0m,40 composé de 20 petits barillets en or, à bases octogonales et à facettes losangées, se reliant, aux extrémités, à un médaillon elliptique orné d'un camée ; 2° deux bracelets en torsades d'or, aux fermoirs desquels sont suspendues deux plaques, avec médailles de Titus et de Faustine au milieu ; 3° une longue épingle d'or entourant la tête ; 4° une bague en or avec camée ; 5° un miroir en métal poli, de forme arrondie, poignée en dessous.

Epoque mérovingienne.

Au lieu dit La Couétrie, au S.-O. de l'église, vaste champ, autrefois cimetière, dans lequel on a découvert une grande quantité de cercueils en pierre, disposés, sur une même ligne, par groupes de 7 à 8. Ces cercueils, en pierre tendre et en roussard ferrugineux, mesurent 2m de long, 0m,60 à la tête et 0m,25 au pied. Un bloc énorme de pierre plate recouvrait une trentaine de squelettes enfouis dans la terre. Découverte récente de deux glaives, de 0m,45 de long, et d'un fragment d'agrafe de baudrier étamé. Traces de fondations de murs autour du champ.

Moyen âge.

Eglise paroissiale de Saint-Martin, du commencement du XIe siècle, remaniée et agrandie au XVe siècle, par l'adjonction de deux chapelles latérales formant transept. Celle du nord n'existe plus. Il ne reste que l'arcade de communication avec la nef. Plan rectangulaire. Longueur, 27m ; largeur, 7m,60. Petites ouvertures romanes, remplacées, au nord et au midi, par des fenêtres à meneaux. Voûte lambrissée de 1624. Ecusson portant : *d'azur à trois lions d'or.* Porche en charpente, à double travée, devant le mur du sud.

Ancien et très important prieuré de 1072, dépendant de l'abbaye de la Trinité de Vendôme, devenu maison presbytérale.

A l'extrémité du bourg, le fief seigneurial de La Couétrie, dont le cimetière, cité plus haut, faisait partie. Vestiges de l'ancienne habitation. Tour de grande dimension, démolie au commencement du siècle.

A quatre kilomètres au nord-ouest du bourg, La Croizerie, manoir de la Renaissance. (A un kilomètre au-dessous de Danzé, la petite rivière du Boulon se perd dans un gouffre, pour ne reparaître qu'à 6 kilomètres plus loin.)

FRÉTEVAL. Fracta - Vallis.

A 3 kil. S.-O. de Morée et à 18 kil. de Vendôme.

Sur la rive droite du Loir.

Epoque celtique.

A deux kilomètres à l'ouest, dolmen composé de deux supports et d'une table de 3^m,65 de longueur sur 2^m de largeur et 0^m,75 d'épaisseur. Table et supports renversés.

Nouveau polissoir découvert en 1885.

Epoque romaine.

Ancienne voie du Mans à Orléans, traversant la plaine et venant se croiser avec celle de Châteaudun à Blois.

Petit bâtiment gallo-romain, dit La Tour de Grisset, sur la pente du coteau bordant la rive droite du Loir. Plan carré, de 4^m de côté dans œuvre ; hauteur, 4^m,90, jusqu'à la naissance de la voûte, en plein cintre et en briques. Murs de 1^m,30 d'épaisseur, avec revêtement intérieur et extérieur de moellons échantillonnés, interrompus par des cordons de trois rangs de briques. Porte d'entrée au midi, surmontée d'une arcade en plein cintre, dont les naissances existent encore. Absences d'ouvertures dans les autres faces. Les nombreuses substructions que l'on rencontre dans les environs, la voie romaine qui traverse la plaine au-dessous, indiquent qu'il devait exister là un centre d'habitation.

En descendant vers le Loir, les travaux du chemin de fer ont coupé deux conduits rectangulaires en briques de 0^m,25 de largeur sur 0^m,50 de hauteur, séparés par un montant de 0^m,33 d'épaisseur. Les briques, à l'intérieur, sont vitrifiées par l'action d'un feu vif et prolongé. Ces conduits, à 0^m,80 sous terre, sont-ils les restes d'un hypocauste ?

Moyen âge.

Château de Fréteval, du milieu du Xe siècle, situé sur le sommet d'un coteau interrompu, à l'ouest, par une profonde coupure, et descendant à pic sur les bords du Loir. Plan polygonal irrégulier, renfermant trois enceintes successives, couronnées par un donjon circulaire. La superficie est de 2 hectares 40 ares, non compris les fossés extérieurs de 32^m de largeur, à l'est et au sud. La première enceinte conserve encore quelques pans de murailles, autrefois flanquées de tours aux angles, et les vestiges de la porte d'entrée au sud-est. La deuxième enceinte, à 50^m de la première, est précédée d'un fossé avec murailles et tours demi-circulaires aux angles. Elle renfermait la place d'armes. A 30 mètres de distance, s'élève la troisième muraille polygonale, garnie de cinq tours formant la chemise du donjon, construit au milieu sur un point culminant. Fossés auprès des murailles des deuxième et troisième enceintes.

Le donjon, de 11^m de diamètre dans œuvre, avec une épaisseur de murs de 1^m,66, n'a conservé qu'un peu plus de la moitié de sa circonférence. Sa hauteur, de 18^m environ, est divisée en quatre étages, dont le dernier est terminé par un mur de ronde peu épais. Au premier étage et au troisième, larges cheminées à hottes saillantes arrondies. Fenêtres, sortes de meurtrières à l'extérieur et aux larges embrasures intérieures, avec appareil de pierres grises et noires formant damier. Puits tangent aux parois de la tour. A la hauteur du premier étage, du côté de la plaine, traces d'un balcon extérieur, servant à communiquer du dehors dans l'intérieur du donjon à l'aide d'un escalier mobile. Sur le bord de la première enceinte, côté de la ville, bâtiments étendus et restes d'une chapelle de Saint-Firmin, du XIVe siècle. Souterrain voûté auprès. A l'angle N.-E., vestiges d'une construction importante. Prolongement des murs de la première enceinte sur la pente escarpée du coteau jusqu'à des tours élevées sur les bords du Loir. Contenance de l'enceinte totale, y compris les fossés, 4 hectares 40 ares 70 centiares, et, sans comprendre les fossés, 2 hectares 40 ares 80 centiares.

Fréteval, sur la rive droite du Loir, conserve encore une partie de son mur d'enceinte, flanqué de tours et environné de fossés remplis d'eau. Restes de deux portes d'entrée à l'est et à l'ouest. Agrandissement, au XIIe siècle, de l'enceinte primitive. Contenance actuelle : 5 hectares 75 ares.

Ancienne Maison-Dieu, adossée au mur du XIIe siècle.

A 100 mètres de la porte Est, cimetière ancien, dans lequel on a trouvé un cercueil en pierre de roussard.

A 300 mètres à l'Est du château, sur la pente du même coteau, ancienne et primitive église paroissiale de Saint-Victor, aujourd'hui détruite. Restes de murs destinés à soutenir les terres du cimetière.

Eglise paroissiale actuelle de Saint-Nicolas, remaniée et agrandie à différentes époques. Vaste nef, suivie d'un chœur et d'un sanctuaire en retraite l'un sur l'autre. Ces deux parties, du XIe siècle, formaient probablement, avec une portion de la nef, la chapelle primitive du prieuré fondé, à cette époque, par les moines de Marmoutiers. Longueur totale, 29^{m},50 ; largeur de la nef, 11^{m},20. Porte romane murée dans le mur du sud. A l'angle sud-ouest de la nef et à l'intérieur, tour carrée du XVIIIe siècle, terminée par un double dôme ardoisé. A l'intérieur, inscriptions sur marbre, des XVIe et XVIIe siècles.

Les forges à fers de Courcelles, dites de Fréteval, à

3 kilomètres à l'O. de cette commune, sur le Loir, datent de 1777, et continuèrent de fonctionner jusqu'en 1848. Elles étaient alimentées par du minerai provenant des communes de Fréteval, Busloup, La Ville-aux-Clercs, Danzé, Fortan, et amené sur les lieux à dos de mulets. L'usine de Courcelles a changé de destination ; elle est convertie en usine à papier.

Au sud de l'église, ancien prieuré, souvent remanié. Trois fenêtres du XVIe siècle à l'Est. A l'intérieur, poutres et solives délicatement sculptées.

Vaste grange des dîmes, à côté.

Plusieurs maisons, dans le bourg, des XVIe et XVIIe siècles.

Maladrerie, à 850 mètres au N.-O. de Fréteval. Bâtiments du XVe siècle encore debout. Chapelle de Saint-Marc, du XIe au XIIe siècle. Plan rectangulaire terminé par une abside demi-circulaire. Longueur totale, 13^{m},60 ; largeur, 6^{m},70. Vestiges de fresques couvrant autrefois les murs.

Saint-Lubin-des-Prés *(Sanctus Leobinus de Pratis)*, à 1,200 mètres au N.-E. de Fréteval. Ancienne paroisse, réunie à celle de Fréteval en 1811. Eglise du XIIe siècle, de 24^{m} de longueur sur 9^{m} de largeur. Dans la démolition, toute récente, on a découvert des cercueils en pierre près de l'autel, dont l'un avec son couvercle. Un champ voisin porte encore le nom de *Champ des cercueils*. L'ancienne voie gallo-romaine passait près du bourg.

Les Boulais, à 1,500 mètres au N.-O. Enceinte rectangulaire de 75 ares, bordée autrefois de murailles et de fossés profonds. Dans l'intérieur, vaste bâtiment du XVIe siècle. Tourelle en encorbellement à l'un des angles. Toit très aigu.

Morville, à 600 mètres au N.-E., très fortifié autrefois. Enceinte rectangulaire. Murs et tours aux angles, souterrains voûtés. Il ne reste plus qu'un bâtiment d'habitation du XVe siècle, avec moucharaby au-dessus de la porte d'entrée en plein cintre. Fenêtres de l'époque.

LIGNIÈRES. LINERLE.

A 7 kil. au S.-O de Morée et à 15 kil. de Vendôme.

A 1,800 mètres de la rive gauche du Loir.

Moyen âge.

Eglise paroissiale de Saint-Aignan, du XIe siècle, agrandie à différentes époques. Plan rectangulaire. Longueur, 28m,30; largeur, 7m,70. Dans la partie primitive, à l'ouest, de 14m de longueur, trois petites fenêtres romanes, véritables meurtrières, de 0m,20 d'ouverture, très élevées au-dessus du sol. Remaniement, au XVe siècle, de la partie à l'Est. Addition, à la même époque, d'une chapelle au midi et de deux autres chapelles de la Renaissance, moins larges et moins profondes, élevées à l'ouest de la première. Arcades de communication avec la nef, reposant sur des piliers cylindriques. A l'extérieur, trois pignons aigus, d'inégales hauteurs. (Ces trois chapelles, ayant chacune leur entrée, ont été, dit-on, construites par les seigneurs des trois fiefs existant dans la commune.) Voûtes en bois, entraits sculptés, écussons au milieu. Statues en pierre de saint Jacques et de saint Sébastien. Bâton de croix fleurdelysé. Dalle funéraire. Litre extérieure au nord, Porche à l'ouest de l'église.

BITERNAY, ancien fief au sud-ouest. Vieille tour encore debout.

LE BREUIL, au nord-est. Ancien manoir du XIIe au XIIIe siècle, modernisé.

LE TERTRE, au sud du bourg. Construction importante du XVe siècle, au pied d'un coteau. Cour rectangulaire, entourée de bâtiments. Corps de logis principal, avec tour octogonale au milieu. Porte d'entrée de cette tour, surmontée d'un écusson armorié. Dans le prolongement Est de ce bâtiment, chapelle de 9m sur 5m. Sur l'autre côté du rectangle, en face, porte d'entrée monumentale. Grande baie en plein cintre, surmontée d'un écusson et accompagnée d'une plus petite. Porche carré de $6^m,60$ de côté, à deux travées de voûtes sur nervures. Etage au-dessus du porche démoli. Tour à gauche de la porte ; à droite, vaste bâtiment, terminé par une autre tour servant de colombier.

ROCHEUX, à 2 kilomètres à l'Est du bourg. Manoir de la Renaissance, entouré de fossés. Tours aux angles.

LISLE. INSULA.

A 12 kil. au S.-O. de Morée et à 9 kil. de Vendôme.

Sur la rive droite du Loir.

Moyen âge.

Eglise paroissiale de Saint-Jacques, du XIe siècle. Plan rectangulaire. Longueur, 16^m ; largeur, $6^m,75$. Porte romane au midi, de $1^m,70$ d'ouverture. Archivolte à plusieurs retraites, avec moulures ornées de ziz-zags, dents de scie, fleurons détachés, reposant sur une imposte à feuillages, soutenue par deux colonnes. Petites fenêtres romanes de chaque côté. Autel transporté de l'Est à l'Ouest. Abside nouvellement construite de ce côté, ainsi qu'une tour quadrangulaire saillante sur le pignon Est. Cloche de 1655.

Ancien prieuré détruit, dépendant de l'abbaye de la Trinité de Vendôme.

Le Loir, à 2 ou 300 mètres, forme deux îles, dont l'une, plus grande que l'autre, renfermait autrefois de nombreuses constructions. On voit encore les traces des fondations d'une ancienne église Saint-Jacques et d'un château fort. Le bourg, suivant la légende, était jadis situé dans cette île, qui lui aurait donné son nom. Au siècle dernier, on apercevait les restes de piles d'un pont placé au-dessous.

Dans le coteau à l'Est du bourg, souterrains voûtés, en partie éboulés. L'un d'eux, portant encore le nom de *La Cave-aux-Malades*, a dû être l'ancienne maladrerie de Lisle.

Maison-Dieu, du XVe siècle. Prison de justice, démolie en 1752.

La Grappée, à l'ouest, vieux manoir seigneurial.

MORÉE. Moresium.

A 21 kil. au N.-E. de Vendôme, sur la rive gauche du Loir, & près d'un ruisseau venant des étangs d'Ecoman, à l'Est.

Epoque romaine.

Vestiges d'une voie antique du Mans à Orléans, traversant le Loir à un point où l'on voyait encore, dans le siècle dernier, les restes des piles d'un pont.

Médailles d'or des empereurs Anastase et Valentinien Ier, trouvées à Morée.

Moyen âge.

Eglise paroissiale de Notre-Dame-des-Hautes-Forêts, de la fin du XIe siècle, bâtie sur un coteau élevé. Nef rectangulaire, de 29m de longueur sur 11m de largeur et 10m de hauteur, percée, au nord et au midi, de quatre fenêtres romanes étroites. Une arcade en plein cintre joint la nef au chœur, terminé par une abside demi-circulaire, à doubles retraites. Longueur ensemble, 10m; largeur du chœur, autrefois voûté en plein cintre, 8m. Abside voûtée en cul-de-four. Le pignon ouest renferme quatre contreforts. Ceux du milieu encadrent une porte romane très ornementée. En avant de ce pignon, vaste péristyle de la largeur de la nef, et de 6m de profondeur, percé de cinq portes en plein cintre. La principale, de 2m,30 de large, sur 3m de hauteur, avec archivoltes à tores et dents de scie, repose sur deux colonnettes à chapiteaux. Fronton au-dessus s'élevant plus haut que la corniche. A droite et à gauche, deux autres portes de moindre dimension, mais avec la même ornementation que la principale. Perron en avant de ce péristyle, détruit récemment, pour construire sur son emplacement une tour en pierre.

Au sud de l'église, ancien prieuré dit de Francheville, *Franca villa,* de la fin du XIe siècle, et dépendant de l'abbaye de Marmoutiers. Eglise et prieuré, entourés de murailles et de fossés traversés par deux ponts en pierre. Souterrains voûtés, régnant encore sous les bâtiments remaniés du prieuré et dans certaines parties de l'enclos.

Morée avait encore, au commencement du siècle, sa ceinture de murailles et de fossés, de forme quadrangulaire, avec tours aux angles et aux portes, dont il reste quelques vestiges.

Ancienne église paroissiale de Saint-Martin, située au milieu du bourg, démolie à la fin du siècle dernier.

Au-dessous de l'église de Notre-Dame, fief important, du XVe siècle, dit La Ferme de Morée. Bâtiment principal à toit aigu, abaissé depuis. Fenêtres à croisillons. A la suite et en retraite, petit pavillon, traversé par un porche à ouvertures en plein cintre. Dans le prolongement du bâtiment, à l'ouest, vaste grange des dîmes, dont il reste encore deux élégants contre-forts adhérant au pignon.

Ancien manoir seigneurial de La Perrine, hors de l'enceinte fortifiée, à l'ouest. Plan rectangulaire avec fossés et tours aux angles.

Dans l'intérieur des murs, maison importante du XVe siècle, aujourd'hui la mairie. Au fond de la cour et dans le coteau, vaste cave voûtée en pierre de moyen appareil, précédée d'une sorte de vestibule carré, à voûte d'arête et nervures à biseau.

Dans le prolongement à l'ouest de la mairie, hospice fondé en 1614. Chapelle dans l'intérieur. La maladrerie de Saint-Marc de Fréteval y a été réunie.

Le Menil-des-Vallées, ancien manoir, remanié récemment.

A 500 mètres au S.-S.-O. de Morée, et près du Loir, existait, il y a quelques années, une chapelle dédiée à saint Cyr et dépendant de Marmoutiers. Plan rectangulaire, terminé par une abside demi-circulaire. Longueur, 30^m ;

largeur, 9^m. Plusieurs cercueils en pierre, renfermant des squelettes, trouvés lors de la démolition. Pèlerinage autrefois trés fréquenté.

Nombreuses pièces de monnaie, contenues dans un pot de grès, trouvées récemment dans une vigne près de Morée. Ces pièces, la plupart en billon, quelques-unes en argent, remontent presque toutes au dernier tiers du XIVe siècle. (Voir le Bull. de la Soc. Archéol. du Vend., 2e année, p. 51.)

Jeton de Charles de Bourbon, 1er duc de Vendôme, découvert dans le jardin du prieuré.

PEZOU. Pizotum.

A 10 kil. au S.-O. de Morée et à 11 kil. de Vendôme.

Sur la rive droite du Loir.

Epoque celtique.

A trois kilomètres au nord-est du bourg, dolmen composé d'une table de $2^m,60$ de longueur sur $1^m,40$ de largeur, montée autrefois sur trois supports, dont deux renversés, et le troisième, debout, appuyé à son extrémité Est.

Epoque romaine.

Entre Pezou et le coteau bordant la rive gauche du Loir, on trouve un champ couvert d'une multitude de briques à rebords brisées. En 1862, des fouilles mirent à jour de nombreuses fondations, restes probables d'une villa gallo-romaine. Murs en pierre de petit appareil. Sol couvert d'une couche de béton sur un massif de maçonnerie. Débris de vases. Clef très oxydée. Petit aqueduc en briques sous le chemin qui avoisine ce champ, paraissant destiné à y conduire les eaux de deux belles fontaines situées au pied de la côte.

Près de là, cave voûtée, actuellement sous la route, dite dans le pays *La Cave-au-Diable*. Nombreux fragments de mosaïque trouvés dans l'intérieur.

; Voie antique longeant le coteau. Dans la prairie faisant suite au champ ci-dessus, s'élèvent, au-dessus du sol, les restes d'une enceinte carrée en terre, de 40^{m} de côté et de 2^{m} de large. Entrée à l'Est.

Cimetière gallo-romain. A 600 mètres au nord-est de Pezou, un terrain planté en vigne, et plus élevé que ceux qui l'avoisinent, fut traversé, en 1863, par les travaux du chemin de fer. Les déblais et les fouilles subséquentes mirent à jour une certaine quantité de fosses, renfermant des urnes cinéraires, des vases, de toutes formes et de toutes grandeurs, en terre, en verre, des fioles lacrymatoires, des bracelets, des perles, un anneau en or, etc. (Voir le Bull. de la Soc. Archéol. du Vend., 3e année, p. 170.)

La gare de Pezou est élevée sur l'emplacement d'anciennes constructions gallo-romaines. Partout où l'on remue le sol de ce bourg, on rencontre les traces du séjour des Romains, consistant en nombreuses substructions de cette époque, en armes, statuettes, médailles d'empereurs romains en or, argent et bronze, fragments de vases à marques de potier : OF SEVERI et DAMONI, etc., etc.

Moyen âge.

Eglise paroissiale de Saint-Pierre, du XIe siècle, conservant encore de la primitive construction une partie du mur au nord, percé de quatre fenêtres romanes, et le pignon ouest avec sa porte ouverte dans une saillie en pierre de taille de 0^{m},30 d'épaisseur. Cette porte, en plein cintre, est ornée de deux colonnes à chapiteaux et impostes sculptés, supportant une archivolte à plusieurs cintres en retraite, décorés de moulures et d'ornements variés de l'époque romane. Corniche au-dessus, soutenue par des modillons à figures grimaçantes. A droite de cette porte, dans le prolongement du pignon, tour quadrangulaire d'une époque postérieure, construite pour les besoins de la défense, à en juger par une porte en plein cintre accompagnée de deux rainures pour les poutrelles d'un pont-levis, et par les restes de fondations importantes en avant de cette tour et du pignon. Au commencement du XVIe siècle, l'église fut prolongée à l'est, et élargie au midi de $3^{m},70$, de manière à former une nouvelle église accolée à la première. Longueur totale, $29^{m},55$; largeur, $11^{m},70$; hauteur, $9^{m},15$. Le mur au midi est percé de fenêtres à meneaux, séparées par d'élégants contre-forts saillants et étagés. Les deux premiers, à l'ouest, ornés de niches, encadrent une porte très ornementée et inachevée. Dans le pignon Est, grande et belle fenêtre ogivale, de 10^{m} de hauteur sur $4^{m},55$ de largeur. A la jonction des deux constructions, mur à l'intérieur, percé de deux arcades en ogive. Restes de vitraux dans les fenêtres, dont un saint Pierre et quelques armoiries. Cloche de 1603.

Sur la rive droite et sur le bord du Loir, ancien prieuré de Ste-Catherine, du XIe siècle, dépendant de l'abbaye de la Trinité de Vendôme. Vestiges de la primitive construction dans les bâtiments d'habitation remaniés à différentes époques. Petite chapelle de la fin du XVe siècle, restes de vitraux ; fontaine au chevet. Le prieuré était fermé par des fossés demi-circulaires, dont le Loir formait le diamètre. Porte d'entrée avec pont-levis du côté du bourg.

A 1,500 mètres au sud-ouest de Pezou, à l'entrée d'un petit vallon, ancienne chapelle de Saint-Marc, détruite, en 1752, lors de la construction de la route de Paris en Espagne.

Nombreuses tanneries établies autrefois à Pezou ; on retrouve encore, le long du Loir, des fosses rondes et carrées.

Le château de CHICHERAY, au sud, bâti sur l'emplacement d'un ancien manoir.

A trois kilomètres au sud, LE CHÊNE-CARRÉ, ancien fief très important. Haute justice ; fourches patibulaires, appelées *les Quatre-Demoiselles*. (Hist. du Vend., p. 52.)

RAHARD

A 17 kil. à l'O.-S.-O. de Morée et à 10 kil. de Vendôme.

Est formé de la réunion des communes d'Espéreuse & du Rouillis, supprimées toutes deux.

ESPÉREUSE. Essa Petrosa.

A 16 kil. à l'O.-S.-O. de Morée et à 8 kil. de Vendôme.

Moyen âge.

Eglise paroissiale de l'Assomption de la Vierge, autrefois simple chapelle d'un prieuré-cure de Saint-Georges-du-Bois. Construction primitive du XIe au XIIe siècle. Plan rectangulaire terminé par une abside demi-circulaire. Nef du siècle dernier. Cloche de 1700, provenant de la collégiale Saint-Georges de Vendôme. Statue en bois de saint Mammès. Pèlerinage très fréquenté pour les maux d'entrailles. Lors de la démolition de l'église, en 1878, on a trouvé, sous un épais badigeon, une fresque.

LE ROUILLIS. Au XIIe siècle, Le Roilliz.

A 16 kil. à l'O.-S.-O de Morée et à 12 kil. de Vendôme.

Epoque romaine.

Voie antique du Mans à Orléans, passant à 50 mètres au sud de l'église.

Moyen âge.

Ancien château fort à 50 mètres au nord-est, au milieu d'une vaste plaine en partie boisée. Enceinte irrégulière de 7 hectares, partagée elle-même en trois enceintes successives entourées de fossés. La première, au sud, de 5 hectares environ, est divisée en deux par un chemin conduisant à la seconde, dans laquelle on pénétrait par un pont-levis. Cette seconde, dite le *Clos-du-Puits*, renferme d'anciennes fondations. Puits en briques et en partie comblé. Pièces d'argent, dans un vase, trouvées à l'intérieur. On passait, de là, dans la troisième enceinte, fermée par des fossés larges, profonds et remplis d'eau. Forme elliptique, d'une contenance de 25 ares environ. Monticule sur lequel s'élève un donjon circulaire en ruine. Diamètre intérieur, 5m,30 ; épaisseur des murs, 2m,50. Sa démolition complète, qui s'effectue, vient de mettre à jour un escalier conduisant à un soubassement elliptique au niveau des fossés et contenant tout autour, dans l'épaisseur des murs, des compartiments de 1m de largeur et de profondeur, sur 2m de hauteur, voûtés en plein cintre et destinés probablement à renfermer les approvisionnements du château. Objets découverts : épingle à cheveux en os, ornée d'une petite statuette d'enfant tenant un livre, un mors du XVe siècle, quelques monnaies de Charles VI, des pointes de flèches, une cuiller, enfin un instrument en bronze, orné de dessins mérovingiens et d'un emploi difficile à déterminer. Château assiégé et brûlé en 1421.

A 300 mètres au N.-O. de l'église, dans un champ dit *la Pièce-aux-Bœufs*, la charrue rencontre une longueur indéfinie et non interrompue d'épaisses fondations, dont quelques-unes semblent se diriger vers les fossés de l'ancien château.

Eglise paroissiale de la Madeleine, du XIe au XIIe siècle. Longueur, 20m,50 ; largeur, 6m,40. Fenêtres romanes au nord et au sud. Selon la chronique, une église plus importante aurait existé dans la commune. L'église actuelle ne serait qu'une simple chapelle d'un prieuré ou manoir placé à 15 mètres de distance à l'ouest.

Enceinte presque carrée de 45m de côté, bordée de fossés profonds. Entrée à l'Est, défendue autrefois par un pont-levis.

SAINT-FIRMIN-DES-PRÉS. Sanctus Firminus de Pratis.

A 13 kil. au S.-O de Morée et à 7 kil. de Vendôme.

Epoque romaine.

Voie antique de Châteaudun à Blois, traversant la commune.

Moyen âge.

Eglise paroissiale de Saint-Firmin. Construction primitive du XIe siècle, remaniée et agrandie au XVe siècle. Chœur rectangulaire, terminé par une abside demi-circulaire. Longueur ensemble, 7^{m} ; largeur, 5^{m},20. Nef postérieure, jointe au chœur par une arcade. Longueur, 21^{m},80 ; largeur, 7^{m},80. Fenêtres du XVe siècle, ouvertes au midi. Voûte en bois. Porte avec accolade et fenêtre au-dessus dans le pignon ouest. Petit bénitier en forme de crédence, en dehors, dans le mur du sud. Cloche de 1519, avec inscription. A l'intérieur, dalle funéraire du XVIIIe siècle.

Chappe-d'Ane. *Cappa Asini.* Fief du XIIe siècle. Construction récente.

Ancienne chapelle de Saint-Vrain, au sud-est du bourg, sur une colline. Fontaine au pied. Pèlerinage très fréquenté, surtout au mois de mai.

La Grapperie, à 1,200 mètres au sud de Saint-Firmin, fief dépendant, au XIVe siècle, des seigneurs de Beaugency. Construction du XVe siècle.

Moncé, à 1 kilomètre à l'ouest. Château et chapelle modernes, bâtis sur l'emplacement d'un manoir et d'une ancienne chapelle de Saint-Michel.

St-HILAIRE-LA-GRAVELLE. Sanctus Hilarius de Calculo.

A 4 kil. au N.-O. de Morée et à 22 kil. de Vendôme.

Epoque celtique.

A 1 kilomètre au nord de Saint-Hilaire, non loin du Loir, dolmen dont la table horizontale mesure 2^{m},70 de longueur, sur 1^{m},70 de large, orientée dans sa plus grande longueur de l'est à l'ouest, et montée sur trois supports avec lesquels elle n'a qu'un seul point de contact. Ouverture de la cella au sud.

Autre dolmen, à 300 mètres au sud du bourg. Trois supports debout ; table renversée gisant auprès.

A 1,200 mètres au sud de Saint-Hilaire, une tranchée dans le coteau, pour le passage du chemin de fer, a mis à découvert une grande quantité de bois de cerfs fossiles, enfouis dans un terrain calcaire.

Moyen âge.

Eglise paroissiale de Saint-Hilaire, du XIe siècle, remaniée et agrandie du XVe au XVIe siècle. Plan rectangulaire, terminé par une abside demi-circulaire. Longueur totale, 21^m^; largeur, 8^m^,25. Collatéral au nord, de la fin du XVe siècle, de même longueur que la nef, avec laquelle il communique par trois arcades ogivales reposant sur des piliers cylindriques de 0^m^,90 de diamètre. Contre-forts extérieurs peu saillants et terminés en rampe. Tour quadrangulaire dans le prolongement ouest du collatéral. Cloche de 1742. Porche en avant de l'église.

Ruines de l'ancien château des Etrés, à 1,200 mètres au sud du bourg, au pied d'un coteau élevé. Fossés autour, alimentés par les eaux vives d'une source très abondante, dite *Claire-Fontaine*, renfermée autrefois dans un bassin en pierre dure. Restes de bâtiments et d'une tour. Caves voûtées très profondes dans le coteau.

SAINT-JEAN-FROIDMENTEL ou FROIDMANTEAU.

Sanctus Joannes de Frigido Mantello.

A 7 kil. au N.-N.-E. de Morée et à 25 kil. de Vendôme.

Moyen âge.

Eglise paroissiale de Saint-Jean-Baptiste, de la fin du XIe siècle, remaniée presque en entier et agrandie dans les XVe et XVIe siècles. Plan rectangulaire. Longueur, 30^m^; largeur, 9^m^. Grande fenêtre du XVe siècle, dans le pignon Est. Six autres au midi et deux au nord. Construction décorative de la Renaissance, en relief sur le mur nord du sanctuaire. Largeur, 2^m^,80; hauteur, 5^m^,20. Deux pilastres à chapiteaux encadrent une arcade en plein cintre, surmontée d'une architrave, d'une frise et d'une corniche supportant un fronton arrondi. Des arabesques finement sculptées ornent ces différentes parties. Tombeau dans l'arcade. Porte d'entrée dans le pignon ouest, de l'époque de la Renaissance. Fermeture en anse de panier; accolade au-dessus, terminée par une niche renfermant une statue. Fronton à droite et à gauche, surmonté d'une statuette. La primitive église de Saint-Jean-Froidmentel, portée sous le nom de *Capella Futmentelli* sur une bulle de 1107, était située à 25 mètres au nord d'un prieuré de Saint-Laumer de Blois et de l'église de Sainte-Opportune, portée sur la même bulle sous le nom de *Ecclesia Sanctæ Opportunæ*. Chapelle du XIe siècle. Plan rectangulaire, terminé par une abside demi-circulaire. Fenêtres romanes étroites, dans l'abside et dans le mur du sud. Porte en plein cintre et fenêtre au-dessus, dans le pignon ouest. Longueur totale, 21^m; largeur, 8^m,45. Murs de 1^m d'épaisseur. Absence de contre-forts.

Ancien château fort de ROUGEMONT, du XIIe au XIIIe siècle, bâti sur la pente du coteau, à un kilomètre à l'ouest du bourg, et détruit, en 1421, par l'armée d'Henri V, roi d'Angleterre. Restes d'une vieille tour et de fossés.

A quelques mètres au-dessus, château du XVIIe siècle. Construction en pierre et briques, avec pavillons saillants aux angles et au milieu. Ponts jetés sur un large fossé environnant le château et la cour qui le précède.

LA VILLE-AUX-CLERCS. VILLA CLERICORUM.

A 12 kil. à l'O.-N.-O. de Morée et à 15 kil. de Vendôme.

Epoque romaine.

Voie antique encore apparente, à 5 kilomètres au nord-est, traversant la forêt de Fréteval.

Moyen âge.

Eglise paroissiale du XIIe siècle, remaniée et agrandie

à différentes époques. Traces de l'élargissement, au nord, très visibles, sur le pignon Est, où l'on distingue encore les dimensions primitives de hauteur et de largeur de l'église. Dans le pignon ouest, la porte d'entrée, occupant autrefois le milieu, indique la largeur de l'ancienne nef. Plan rectangulaire. Longueur, 25^{m} ; largeur actuelle, 13^{m},80; hauteur, 10^{m}, au lieu de 9^{m} de largeur sur 8^{m} de hauteur. Porte d'entrée du XIIIe siècle, avec le Christ enfant en croix, au sommet de l'ogive. Syrènes au-dessus des impostes. En avant du pignon, tour carrée de 4^{m},70 de côté, formant vestibule. Epaisseur des murs, 1^{m},50 ; hauteur, 20^{m} jusqu'à la corniche, au-dessus de laquelle la forme devient octogonale, avec clochetons aux angles et fenêtre cintrée sur chaque pan. Corniche surmontée de trois dômes successifs ardoisés. Cloche de 1680. Au rez-de-chaussée de la tour, armoiries en relief de la famille de Vertamont, avec une inscription de 1674. Construction toute récente d'une abside extérieure, au pignon Est.

Le Fort-Girard, à un kilomètre au sud-est de La Ville-aux-Clercs (1). Ancienne forteresse, du XIe au XIIe siècle, à double enceinte rectangulaire, située sur un coteau, au pied duquel coule un ruisseau. Nombreuses et successives transformations apportées à cette forteresse (2). Première enceinte fortifiée, de 70^{m} sur 55, avec tour aux quatre angles, et renfermant les bâtiments des hommes d'armes. L'un d'eux, récemment détruit, portait encore le nom de *La Capitainerie*. Porte d'entrée démolie ; fossé comblé. On

(1) La Ville-aux-Clercs a porté autrefois le nom de *Bourg de la Déconfiture*. Pourquoi et quand a-t-il changé de nom ?

(2) Cette forteresse servit de refuge, en 1188, aux magistrats, au clergé et aux principaux bourgeois de Vendôme, fuyant les horreurs de la guerre. (Hist. du Vend., p. 181).

pénétrait dans la seconde enceinte, de 45m à 50m de côté, par un pont-levis traversant de larges et profonds fossés, communiquant au-dessous avec des étangs. Ancienne porte d'entrée fortifiée, remplacée au XVIIe siècle par un pavillon, élégant spécimen de cette époque.

CANTON DE SAINT-AMAND

(Chef-lieu : SAINT-AMAND.)

14 Communes :

AMBLOY, AUTHON, CRUCHERAY, GOMBERGEAN, HUISSEAU-EN-BEAUCE, LANCÉ, LONGPRÉ, NOURRAY, PRUNAY, SAINT-AMAND, SAINT-GOURGON, SASNIÈRES, VILLECHAUVE, VILLEPORCHER.

AMBLOY.

A 5 kil. au N.-O. de Saint-Amand et à 12 kil. de Vendôme.

Moyen âge.

Eglise paroissiale de Saint-Martin, primitivement simple chapelle du XIe siècle, terminée par une abside demi-circulaire. Longueur, 8m; largeur, 4m,85. Addition, au XVe siècle, d'une nef de 15m,90 sur 6m,85, jointe à la partie ancienne par une arcade à cintre brisé. A la même époque, construction, au sud du chœur, d'une chapelle carrée de 4m,50 de côté. Porche en avant du pignon ouest. Litre extérieure. Encensoir du XVIIe siècle. Belle fontaine donnant naissance à un ruisseau qui va se jeter dans celui de Sasnières.

Château d'AMBLOY, du XIVe au XVe siècle, récemment reconstruit.

Cette terre est un démembrement de la baronnie de Lavardin, fait en 1476.

AUTHON. AUTHENEUM.

A 11 kil. au S.-O. de Saint-Amand et à 22 kil. de Vendôme.

Moyen âge.

Eglise paroissiale de Saint-Hilaire. Construction primitive

du XIe siècle, remaniée au XVe siècle. Plan rectangulaire. Chœur à chevet plat plus étroit que la nef. Longueur, 28^m ; largeur, 8^m. Addition, à cette époque, d'une chapelle au nord du chœur, renfermant d'intéressantes dalles funéraires, avec personnages, de grandeur naturelle, gravés en creux. Chevalier tout armé, casque à ses pieds, écusson armorié. Inscription avec la date de 1644. Dalle funéraire de sa femme, de 1633. Plusieurs autres sensiblement usées. Petite porte donnant entrée dans cette chapelle des seigneurs du Fresne. Ecusson armorié au-dessus, soutenu par deux anges en haut relief. Ces dalles funéraires et écussons ont été détruits lors de la reconstruction récente de l'église.

Découverte, en 1860, de 75 petites monnaies d'argent, en creusant les fondations d'une maison. Sterlings anglais des XIIIe et XIVe siècles. (Bull. de la Soc. Archéol. du Vendomois, 1862, p. 99.)

Abbaye de l'ÉTOILE, *Stella,* à 2,500 mètres au S.-O. d'Authon, dans un vallon étroit et accidenté. Construction, de la première moitié du XIIe siècle, sous l'invocation de Saint-Sauveur. Grande tour carrée entourée de bâtiments. Côté nord occupé par l'église restant seule debout. Eglise abbatiale composée d'une nef et de deux collatéraux, terminés par trois absides demi-circulaires. Transept non saillant. Longueur totale, 37^m, et, jusqu'au transept, 23^m ; largeur, 7^m,85 ; hauteur, 12^m ; largeur des collatéraux, 5^m,20. Quatre arcades en tiers-point de chaque côté et grandes fenêtres au-dessus. Les collatéraux, jusqu'au transept, ont été démolis, et les arcades murées. Voûtes du transept sur nervures à boudins reposant sur un faisceau de piliers rectangulaires engagés. Hauteur de la voûte, 9^m,30. Abside de la nef, demi-circulaire à l'intérieur et polygonale extérieurement. Fenêtres en plein cintre. Voûte à nervures rectangulaires. Absidioles formant une niche de 3^m,80 d'ouverture. Pignon ouest percé d'une porte romane, surmontée d'une grande et belle fenêtre. Construction en pierres de taille appareillées.

Le Fresne, à 3 kil. au N.-N.-O. d'Authon. Château important du siècle dernier (1766), élevé sur l'emplacement d'un manoir du XVe au XVIe siècle, ayant lui-même succédé à une construction primitive du XIe siècle, qu'entouraient deux enceintes successives de larges et profonds fossés. Château du XVIe siècle, composé de pavillons réunis par une tour à pans saillante. Petite tourelle en encorbellement. Vaste cour, colombier au milieu. Corps de logis formant l'entrée de la première enceinte. Porte et rainures du pont-levis. Étage au-dessus. Écussons armoriés. Murs à l'intérieur des fossés. Chapelle en dehors de l'enceinte.

Conichart, à 2,500 mètres au sud d'Authon. Ancien manoir important, dont il reste encore des vestiges de la construction primitive.

Dans la commune d'Authon on cite la petite rivière de Braine, qui sépare son territoire de celui de Villechauve, et deux autres petites rivières, dont l'une, le Rondi, faisant tourner plusieurs moulins dans leur cours, et trois fontaines.

CRUCHERAY. Crucherium.

A 7 kil. au N.-E. de Saint-Amand et à 8 kil. de Vendôme.

Epoque romaine.

Ancienne voie de Vendôme à Blois, passant par Crucheray et Landes. Nombreuses médailles romaines trouvées dans la commune, entre autres d'Adrien, d'Antonin, de Marc-Aurèle, de Faustine, de Commode, et une, plus rare, de Didia clara.

Moyen âge.

Eglise paroissiale de Saint-Pierre, d'époques différentes. Chœur et sanctuaire du XIe siècle. Piliers demi-cylindriques engagés entre les fenêtres de l'abside demi-circulaire et à sa naissance. Cette partie de l'église, autrefois chapelle primitive, voûtée en plein cintre. Longueur, 14^{m} ; largeur, $7^{m},85$. Au XVe siècle, prolongement de la chapelle à l'ouest, sur une longueur de 14^{m}. Fenêtres ogivales au midi, et une de la Renaissance. Porche en avant du pignon ouest. Porte cintrée en charpente, surmontée d'un fronton aigu. Clocher placé d'abord à la jonction des deux constructions, et transporté auprès du pignon. Cloche de 1623.

Le Bouchet-Toute-Ville, à un kilomètre au S.-O. de Crucheray. Ancien manoir, dont les dépendances s'étendaient sur une partie de l'arrondissement de Vendôme. Demeure actuelle assez moderne, remplaçant une plus ancienne, à 400 mètres environ de cette dernière.

Villethierry, à 3 kilomètres au S.-E. du bourg. Ancien fief et chapelle détruite récemment.

Dans un champ, caves enfouies, de grandes dimensions, voûtées sur pierres.

Dans un champ, à 250 mètres à l'Est de Villethierry, sur une pente au S.-S.-E. du bourg, quantité de fragments de poteries de toutes les époques, des statuettes en terre vernissées, des silex taillés et des traces de haches polies.

Pinoche, ancien fief à 3 kilomètres à l'E.-S.-E. de Crucheray.

GOMBERGEAN. Gombergentum.

A 7 kil. au S.-E. de Saint-Amand et à 18 kil. de Vendôme.

Epoque gallo-romaine.

Découverte récente de substructions dans un champ, à 1,500 mètres au S.-O. de Gombergean, dont le sol est jonché de fragments de tuiles à rebords et de poteries variées de couleur. Une série de murs d'une certaine étendue, dirigés parallèlement de l'O. à l'E., forment entre eux une sorte de corridor avec emplacement au-dessus.

Moyen âge.

Eglise paroissiale de Saint-Georges, du XIe siècle. Plan

rectangulaire. Nef et chœur plus étroit à chevet plat. Longueur de la nef, 14m,40; largeur, 8m,60. Arcade en tiers-point entre la nef et le chœur de 8m,50 de long sur 5m,70 de large, et moins élevé que la nef. Petites fenêtres romanes, en partie murées, au nord et au midi. Contre-forts extérieurs du XVe siècle. Nombreuses dalles funéraires, brisées pour la plupart. Une de 1652, bien conservée, avec inscription.

A 15 mètres à l'ouest de l'église, ancien et riche prieuré, du milieu du XIe siècle, dépendant de l'abbaye de la Trinité de Vendôme, converti maintenant en une ferme très importante. Nombreuses pierres tombales assez bien conservées.

HUISSEAU-EN-BEAUCE. Vissel ou Uxellum.

A 4 kil. au N.-N.-O. de Saint-Amand et à 10 kil. de Vendôme.

Epoque celtique.

Fragment de polissoir trouvé dans la commune d'Huisseau. Longueur, 0m,35 ; largeur, 0m,25 ; portant des rainures de 0m,05 de largeur et de 0m,04 de profondeur et anguleuses au fond.

A quelques cents mètres au nord d'Huisseau, dolmen dont la table a été brisée. Traces de rainures sur une des pierres qui aurait en même temps servi de polissoir.

Dolmen sur le coteau, à 300 mètres au nord du bourg, sur le bord du chemin conduisant à Villiersfaux.

Collection nombreuse, chez l'instituteur, de pierres taillées, de haches en silex taillées et polies, couteaux, grattoirs, médailles.

On peut dire, pour notre pays, que c'est dans cette commune qu'ont eu lieu les premières recherches des pierres taillées et polies, dans des terrains très favorisés sous ce rapport, et que ce goût s'est répandu promptement dans tous les environs.

Epoque romaine.

Voie antique longeant le coteau à l'Est de l'église. Fragments de poteries, d'urnes funéraires trouvées dans le jardin du presbytère. Différentes monnaies romaines. Une gauloise en or; au revers : *Restitutor Reipublicæ.*

Moyen âge.

Eglise paroissiale de l'Assomption de la Vierge, du XIe siècle, remaniée à différentes époques. Nef, chœur et abside demi-circulaire. Longueur de la nef, 17^{m},85; largeur, 7^{m},80. Belle voûte en bois de 12^{m},50 au-dessus du sol, remplacée par un plafond horizontal. Chœur rectangulaire de 4^{m} sur 5^{m}. Arcade à double voussure entre le chœur et l'abside, inclinés tous deux sur l'axe de l'église. Cinq arcatures saillantes dans la partie circulaire de l'abside. Fenêtres dans chacune d'elles. Voûte en berceau. A l'extérieur, contre-forts formés de doubles colonnes accolées, se réunissant en une seule, terminée par un chapiteau. Corniche composée de petits arceaux, reposant sur des modillons à têtes frustes. Fenêtres avec colonnettes et chapiteaux. Archivolte à cinq lobes et moulures à dents de scie. Cloche de 1747.

Martigny, ancien fief important à 2 kilomètres au S.-E. du bourg. Bâtiments, colombier et belle fontaine.

Epoque moderne.

A 1,500 mètres au sud d'Huisseau, le château du Plessis, du commencement du XVIIe siècle, en pierres et briques. Deux pavillons détachés en avant du château, plongeant dans de vastes fossés traversés par un pont. L'un de ces pavillons conserve encore les fourneaux et les instruments de chimie ayant servi au physicien Charles et à Montgolfier, pour les expériences aérostatiques qu'ils vinrent faire au château du Plessis.

LANCÉ. LANCEIUM.

A 4 kil. à l'E.-N.-E. de Saint-Amand et à 12 kil. de Vendôme.

Epoque romaine.

Différentes monnaies trouvées à Lancé. Un moyen bronze de Constance, un César.

Moyen âge.

Prieuré important du XIe siècle, fondé par les religieux de Marmoutiers. Bâtiment principal encore debout. Longueur, 20^{m} ; largeur, 10^{m} ; hauteur, 8^{m}. Rez-de-chaussée divisé, dans sa largeur, en deux travées, et en quatre dans sa longueur, par des piliers cylindriques au milieu, et des demi-piliers le long des murs, supportant des voûtes de 4^{m} de hauteur. Contre-forts saillants le long des murs. En dehors du pignon Est, escalier en pierre conduisant au premier étage. Fenêtres en plein cintre dans le pignon ouest. A 25 mètres en face, colombier récemment détruit. Restes du mur d'enceinte et de la porte d'entrée. Douves en dehors, au sud et à l'ouest. Vestiges d'un bâtiment appelé *La Citadelle.* Vaste grange des dîmes de 25^{m} sur 16^{m}, partagée en trois travées. Nombreux cercueils en pierre découverts récemment.

Eglise paroissiale de Saint-Martin, du XIe siècle, primitivement chapelle prieurale, terminée par une abside demi-circulaire. Addition postérieure d'une nef de 16^{m},55 de longueur, sur 7^{m},60 de largeur et 6^{m},18 de hauteur. La chapelle primitive, de 10^{m} de longueur sur 5^{m},25 de largeur, inclinée sur l'axe de l'église, forme le chœur et le sanctuaire. Chœur divisé en deux travées par des piliers rectangulaires, se prolongeant en arcs-doubleaux sous la voûte en plein cintre. Petites fenêtres romanes. Abside de 4^{m},30 de diamètre, voûtée en cul-de-four, et divisée, à l'extérieur, en trois compartiments inégaux, par des contreforts rectangulaires, surmontés de courtes colonnes à chapiteaux. Fenêtres avec archivoltes ornementées. Corniche à modillons couronnant une série de fenêtres aveugles, à savoir : six au milieu, quatre au N.-E. et trois au S.-E., différence qui explique l'inclinaison de cette partie de l'église. Chapelle extérieure au sud de la nef et dans le prolongement du pignon occidental. Porte murée à l'ouest, servant autrefois de communication entre l'église et le prieuré.

Fontaine de Saint-Martin, à peu de distance du bourg.

Découverte récente.

Le mardi 23 juillet 1872, vers 5 heures et demie du soir, à 2 kilomètres au S.-O. du bourg, eut lieu la chute d'un bolide, accompagnée de deux explosions entendues à de très grandes distances. Du poids de 47 kilogrammes, il s'enfonça en terre à $1^{m},50$ de profondeur. Grâce à l'intelligence de l'instituteur de Saint-Amand, M. Bruneau, il put être extrait, conservé et rapporté à Saint-Amand, où MM. Nouel et Launay se rendirent pour le décrire et le dessiner. (Voir l'article de M. Nouel dans le Bulletin de la Société Archéologique du Vendomois, t. XI, p. 304.)

LONGPRÉ. Longum Pratum.

A 6 kil. au S.-O. de Saint-Amand et à 17 kil. de Vendôme.

Moyen âge.

Eglise paroissiale de Saint-Pierre, du XIe siècle. Nef et chœur rectangulaires, séparés par une arcade en plein cintre. Longueur de la nef, $10^{m},50$; largeur, $7^{m},45$. Petites fenêtres, sortes de meurtrières, de $0^{m},20$ d'ouverture. Chœur de $6^{m},30$ sur 4^{m}. Inscription de 1638, sur une plaque au-dessus de deux grandes dalles funéraires. Porche en avant de l'église.

Longues séries de prairies, arrosées par un ruisseau faisant tourner plusieurs moulins.

NOURRAY. Noreum.

A 1 kil. au N.-E. de Saint-Amand et à 10 kil. de Vendôme.

Epoque celtique.

Plusieurs haches et pierres taillées trouvées dans la commune. Pièce gauloise en or.

Epoque ancienne.

A deux kilomètres à l'ouest de Nourray, auprès d'une grande pierre horizontale, pouvant avoir servi de table de dolmen, nombreux squelettes découverts récemment. L'un d'eux portait des anneaux à une main. Petite pièce de monnaie et débris de poterie.

Moyen âge.

Eglise paroissiale de la Sainte-Vierge, du XIe au XIIe siècle, composée de deux parties distinctes: nef, chœur et sanctuaire. Nef de 15^m,60 sur 7^m,60, remaniée à différentes époques. Porte romane dans le pignon ouest. Archivolte à moulures en retraite. Longueur des chœur et sanctuaire réunis, 11^m; largeur, 5^m,70; hauteur, 4^m,18, jusqu'à la naissance de la voûte. Chœur divisé en deux travées par des doubles colonnes jointives engagées. Base reposant sur un socle de 0^m,45 de hauteur, contournant le chœur et l'abside. Chapiteaux supportant un arc-doubleau saillant sur la voûte. Pourtour du sanctuaire demi-circulaire partagé en cinq arcatures à colonnes accouplées et archivoltes ornementées. Fenêtres aux larges embrasures reposant sur un cordon demi-cylindrique. A l'extérieur, l'abside est divisée en trois compartiments, séparés par des contreforts terminés par deux colonnes accolées à chapiteaux. La fenêtre du milieu est ornée de colonnettes et d'une archivolte à cinq lobes. A la partie supérieure, et dans chaque compartiment, trois fenêtres aveugles, surmontées d'une corniche couronnant une série de petits arceaux reposant sur des modillons à figures. A l'intérieur, nombreuses dalles funéraires de différentes époques, dont une, du XIIIe siècle, mesurant 2m,25 sur 1m,05. Personnage casqué gravé en creux portant un écu: *Hugues de Fontenailles miles*, en pied.

A 1 kilomètre au N.-O. de Nourray, le GRAND-FONTENAILLES, ancien manoir; enceinte, arrondie, de fossés larges et profonds. Restes de constructions dans l'enceinte, à l'ouest. (En avant du fossé au sud, on rencontrait, il y a quelques années, un grand nombre de buttes en terre, mesurant 3m à 3m,50 de longueur sur 2m,50 de largeur et de hauteurs variables, disposées les unes parallèlement, les autres perpendiculairement au fossé, à des distances irrégulières et sur plusieurs rangs. Ces buttes étaient probablement employées comme moyen de défense. On n'en a pas trouvé au sud; le terrain, couvert d'étangs, défendait suffisamment l'approche du château. Ces mottes, de 12 à 15 mètres cubes, renfermaient parfois des pierres à l'intérieur. Elles étaient le plus souvent formées de terre seulement.)

Découverte récente.

En 1879, lors de l'exécution d'une route nouvelle, devant relier le bourg de Nourray à celui de Villerable, on avait remarqué, au milieu d'un fossé, deux énormes blocs destinés à être brisés pour servir à l'empierrement des routes. Leur extraction fut décidée; on put constater sur l'un d'eux plusieurs entailles. Une commission de la Société Archéologique se rendit sur les lieux, à 1 kilomètre au N.-O. de Nourray, et reconnut que ces deux blocs n'en formaient autrefois qu'un seul, présentant une longueur de 4m,20 sur 2m de large et 0m,75 d'épaisseur, pouvant peser ensemble 15,750 kilogrammes. Sa surface comporte 33 entailles ou cuvettes, variées de longueur et de diamètre, formant ainsi un remarquable polissoir, placé aujourd'hui sur le bord de la route nouvelle. (V. le Bull. de la Soc. Arch. du Vend. de 1884, t. XXIII.)

BROMPLESSAY, manoir assez important, à 1 kilomètre au S. de Nourray.

LE HAUT-BEZAY, à 1,500 mètres au S.-O. Manoir ayant

conservé ses profonds et larges fossés. Trois fermes en dépendent, portant encore le nom de l'*Enfer*, le *Paradis*, et le *Purgatoire*.

Nombreux fiefs dans la commune.

Découverte, à la fin de 1866, à l'ouest de Nourray, de 20 pièces en argent, enfouies à même la terre, à $0^m,30$ au plus. Elles portent toutes le monogramme de *Karolus*, et appartiennent au règne de *Charles le Chauve* (840 - 877). 14 ateliers sont dénommés sur ces 20 pièces. La plus intéressante est celle du palais d'Aix-la-Chapelle. (V. le Bull. de la Soc. Arch. du Vend., janvier 1867, p. 62.)

PRUNAY. Prunetum.

A 8 kil. à l'O. de Saint-Amand et à 17 kil. de Vendôme.

Moyen âge.

Ancien prieuré du commencement du XIe siècle, fondé par Renaud, évêque de Paris, IIe comte de Vendôme. Il n'en reste plus de traces.

Eglise paroissiale de Saint-Jean-Baptiste. Construction primitive du XIe siècle, remaniée à différentes époques. Sanctuaire carré de $5^m,80$ de côté, du XIIe au XIIIe siècle. Voûte en pierre, de 7^m de hauteur, sur 8 nervures à boudins reposant sur un cul-de-lampe. Nef du XVe siècle. Longueur, $19^m,85$; largeur, 10^m. A l'angle nord-est, ouverture ogivale murée entre deux piliers, donnant autrefois accès dans une chapelle détruite. Dans le pignon ouest, porte de la Renaissance, aux sculptures délicatement fouillées. Addition récente d'un bas-côté au sud. Anciennes peintures murales à personnages, recouvertes par de nouvelles.

Nombreux manoirs dans la commune conservant encore leurs fossés.

La Linotterie, à 3,200 mètres au N.-O., ancien manoir.

Au-dessous du bourg, fontaine donnant naissance à un petit ruisseau qui va se jeter dans la petite rivière de Sasnières.

SAINT-AMAND. SANCTUS AMANDUS.

A 13 kilomètres au S.-S.-O. de Vendôme.

Epoque romaine.

Médaille d'argent de Vitellius, un *aureus* d'Antonin, trouvés à Saint-Amand.

Moyen âge.

Eglise paroissiale de l'Assomption de la Vierge, d'époques différentes, succédant à une primitive construction du XIe au XIIe siècle. Chœur du XVe siècle, avec addition récente de deux chapelles latérales. Abside à trois pans. Nef du siècle dernier. Longueur totale, 23^{m},30. Cloche de 1541. Bénitier en pierre dure polie, de forme mauresque. Belle tête de christ en terre cuite, trouvée dans la démolition d'un mur latéral.

A l'extrémité du bourg, LA GRAND'MAISON. Restes d'une construction importante, remontant à une époque très reculée, avec une enceinte de douves. Le pavillon, encore debout, a conservé ses caves voûtées.

LA NOUE, manoir sur la route de Vendôme à Tours.

CLAIREAU, à 1,500 mètres à l'ouest du bourg. Ancien manoir important, dont il reste un corps de logis du XVe siècle. Pavillon contenant la porte d'entrée et une chapelle au premier étage. Baie ogivale sur la campagne, et cintrée sur la cour. Vastes fossés autour. Croix en bois, plaquée en cuivre au repoussé et très ornementée, provenant de la chapelle abandonnée.

La chapelle de VILLETHIOU, à 3 kilomètres au sud-ouest du bourg. Construction récente, succédant à une ancienne chapelle du XIe siècle, consacrée à la Vierge, et but d'un pèlerinage des plus fréquentés, surtout le lundi de la Pentecôte. Fontaine miraculeuse à quelque distance.

Dans un lieu dit LE DÉSERT, au S.-O. du bourg, la tradition rapporte qu'il existait une communauté religieuse.

SAINT-GOURGON. Sanctus Gorgonius.

A 3 kil. au S. de Saint-Amand et à 17 kil. de Vendôme.

Moyen âge.

Eglise paroissiale de Saint-Gourgon, primitive chapelle du XIIe siècle, comprenant seulement la nef actuelle. Longueur, 13^{m},50; largeur, 7^{m},60. Addition, au XVe siècle, d'un chœur de 10^{m},65 sur 5^{m},30. Murs de la nef, couverts autrefois de fresques, dont il reste des vestiges dans le pignon Est. Porte romane conservée dans le pignon ouest, reconstruit récemment.

Ancien manoir seigneurial au nord de l'église, ayant conservé ses larges et profonds fossés.

Fontaine dans la commune, du nom de *La Pouilleuse.*

SASNIÈRES. Sasnerie.

A 7 kil. au N.-O de Saint-Amand et à 13 kil. de Vendôme.

Moyen âge.

Eglise paroissiale de Saint-Martin, du XIIe siècle, remaniée à différentes époques. Chœur de l'époque primitive. Longueur, 6^{m},60 sur 5^{m},30. Petites fenêtres romanes et porte murée au sud. Nef de 1535. Longueur, 13^{m}; largeur, 6^{m}30. Murs et toit plus élevés que ceux du chœur. Crédence de l'époque dans le mur du sud. Dalle funéraire armoriée de 1634. Clocher en pierre, de construction récente.

Ancien prieuré important de La Hubaudière, sur un coteau, au milieu de la forêt, à 1,500 mètres environ au sud-ouest du bourg. Fondation de la fin du XIIIe siècle, dont il reste encore les deux pignons du bâtiment principal et une partie des murs en retour. Longueur, 32^{m}; largeur, 10^{m}; épaisseur des murs, 1^{m},20. Rez-de-chaussée peu élevé; deux étages au-dessus. Grandes et belles fenêtres dans le pignon Est. Traces de fondations dans le prolongement de ce dernier, probablement celles de la chapelle. A 50 mètres au S.-E., colombier circulaire, de 6^{m} de diamètre. Puits large et profond assez éloigné du bâtiment. A 20 mètres au nord des ruines et sur la pente du coteau, entrée de caves voûtées en tiers-point avec arcs-doubleaux de distance en distance. Communication de ce souterrain avec le grand bâtiment par un escalier obstrué maintenant.

Au-dessous du prieuré de la Hubaudière, dans le bas du coteau, une belle fontaine, abritée par la forêt, va se jeter dans la petite rivière de Sasnières.

Château moderne de SASNIÈRES, élevé sur l'emplacement d'un ancien manoir à tourelles aux angles. Belle fontaine incrustante en avant.

Anciens prieurés importants dans la commune : LES CAVES-DE-LA-RIVIÈRE, LA RACINIÈRE, GASTINES, etc.

VILLECHAUVE. VILLA CALVA.

A 8 kil. au S.-O. de Saint-Amand et à 19 kil. de Vendôme.

Moyen âge.

Eglise paroissiale de Saint-Gatien, du XIe siècle, comprenant nef, chœur et sanctuaire, de la même époque. Longueur totale 25m,70 ; largeur de la nef, 7m,54 ; du chœur, 5m,45. Abside demi-circulaire, voûtée en cul-de-four, saillant intérieurement sur les murs de la nef. Fenêtres romanes très étroites au midi et au nord. Deux d'entre elles présentent une particularité assez rare, en traversant chacune un contre-fort et le mur de la nef. Porte romane, au midi, précédée d'un porche en bois. Nombreuses dalles funéraires de prêtres de la paroisse.

LA BROSSERIE, à 1,800 mètres au sud-est du bourg. Ancien manoir conservant encore son enceinte de fossés.

La commune ne possède qu'une fontaine, située à peu de distance et à l'Est du bourg, donnant naissance à un ruisseau passant près le pittoresque château de BLANCHAMP, à peu de distance duquel tomba, en 1872, un fragment du bolide de Lancé.

VILLEPORCHER. VILLA PORCHERII.

A 6 kil. au S.-S.-O. de Saint-Amand et à 19 kil. de Vendôme, sur la limite de l'arrondissement.

Moyen âge.

Eglise paroissiale de Saint-Pierre, du XIe au XIIe siècle. Nef et chœur rectangulaires, réunis par une arcade en plein cintre. Longueur de la nef, 14m,15 ; largeur, 7m,20. Chœur de 7m,40 sur 5m,75. Crédence de la Renaissance. Toit moins élevé que celui de la nef. Au midi, au nord et à l'ouest, contre-forts demi-cylindriques en maçonnerie. Nombreuses dalles funéraires, avec croix gravées en creux, de formes variées. Une de 1615, avec inscription. Statue en pierre de la Vierge tenant l'enfant Jésus. En avant du pignon ouest, porche en bois, avec porte et fenêtres ogivales, surmontées d'un toit à deux égouts.

LE GRAND-FONTENAYE, ancienne justice seigneuriale dépendant de Marmoutiers, et s'étendant sur les paroisses de Villechauve, Saint-Gourgon et Villeporcher. Elle était établie dans un local de ce dernier bourg surnommé *La Cohue*.

CANTON DE SAVIGNY

(Chef-lieu : Savigny.)

8 Communes :

BONNEVEAU, CELLÉ, ÉPUISAY,
FONTAINE-EN-BEAUCE, FORTAN, LUNAY, SAVIGNY, SOUGÉ

BONNEVEAU. Matval ou Bona Vallis.

A 9 kil. au S.-O. de Savigny et à 30 kil. de Vendôme.

Epoque romaine.

Ancienne voie de Tours à Paris *(magnum iter, quod itur ad Parisios)*, d'après un vieux manuscrit conservé à Bonneveau.

Débris de constructions gallo-romaines, briques creuses et à rebords.

Epoque mérovingienne.

Habitation seigneuriale du commencement du VIe siècle, à *Matval*. Childebert et la reine Ultrogothe, sa femme, y séjournèrent en 524.

Tiers de sol d'or, du VIIe siècle, portant le nom de Mattoval. (Hist. du Vend., p. 84.)

Moyen âge.

A quelques cents mètres à l'ouest de l'église, sur le revers du coteau bordant la Braye, on rencontre le château de Bonneveau, succédant probablement à l'ancienne habitation mérovingienne. Construction du XIVe au XVe siècle. Plan rectangulaire, entouré de bâtiments sur trois côtés, le quatrième formé par le rocher, coupé à pic en cet endroit. Corps de logis principal au sommet du coteau, au pied duquel s'étend la riche vallée de la Braye. Dans l'un des côtés, en retour, belle tour à plusieurs étages, avec cordons, meurtrières et mâchicoulis. En face, au nord, restes de la porte d'entrée et des bâtiments contenant la chapelle. Curieux souterrains s'étendant au loin sous le rocher. Couloirs interrompus par de vastes salles, et séparés, à tous les changements de direction, par des portes en arceaux en tiers-point construits sous la voûte. Une de ces portes est ornée d'une niche de 1m de hauteur, avec dais conique surmonté de trois mascarons aux larges bouches ouvertes pour laisser échapper la fumée de la lampe.

Eglise paroissiale de Saint-Jean-Baptiste, dont la fondation primitive est attribuée à saint Thuribe, 2e évêque du Mans. Construction d'époques différentes. Le chœur et l'abside, du XIe au XIIe siècle, formaient la chapelle de l'ancien prieuré fondé par les moines de Saint-Médard de Soissons. Addition, au XIVe siècle, d'une nef reconstruite, presque en entier, dans ces derniers temps. Abside demi-circulaire avec voûte en cul-de-four, couverte de peintures à fresque représentant les apôtres, et, au-dessus, les trois personnes de la Trinité accompagnées des attributs des évangélistes. Sanctuaire séparé du chœur par un arc-doubleau reposant sur des chapiteaux aux sculptures primitives. Gros piliers demi-cylindriques entre le chœur et la nef.

La Godelinière, ancien manoir, à 2 kilomètres au N.-E. de Bonneveau, sur un mamelon en face de *Bessé* (Sarthe), dont il est séparé par la vallée de la Braye.

CELLÉ. Celleyum. Sediliacus.

A 6 kil. au S. de Savigny et à 25 kil. de Vendôme.

Moyen Age.

Prieuré de Notre-Dame, du commencement du IXe siècle, et devenu plus tard un couvent de Bénédictins dépendant de Saint-Laumer de Blois. Quelques restes de constructions subsistent encore, notamment une tour d'angle dite *La*

Prison, et un mur à l'ouest du bâtiment du prieuré, qui avait le titre de baronnie et droit de haute et basse justice.

Eglise paroissiale de Notre-Dame, d'époques différentes, et détruite il y a environ trente ans. Nef rectangulaire, terminée par une abside demi-circulaire. Incendiée en 1516. Abside entièrement reconstruite, ainsi qu'une tour quadrangulaire, au nord, à plusieurs étages. Un des piliers de cette dernière, en s'affaissant, détermina sa chute et, par suite, la ruine d'une partie de l'église, rebâtie depuis sur le même emplacement.

Lieu de pèlerinage, en l'honneur de Notre-Dame, autrefois très fréquenté. Deux statues de la Vierge, l'une en terre cuite, à moitié brisée par l'éboulement, l'autre, en bois, de 1^{m} de hauteur, donnant le sein à l'enfant Jésus.

Dans la nouvelle église, tableau représentant le baptême de Jésus-Christ, et signé : A. Coypel, 1683. Un autre bon tableau représente saint Bonaventure.

Au nord du bourg, chapelle creusée dans le rocher. Forme demi-circulaire au fond. Autel en avant et banc de pierre autour. Entrée fermée par des éboulements.

A 1,500 mètres au S.-E. de Cellé, ancienne chapelle de Sainte-Anne, détruite.

Dans une ferme du bourg, près de l'ancien prieuré, belles caves voûtées en pierres d'appareil. Au-dessus de cette ferme et en dépendant, un champ, dit *le Champ des Bretons*, conserve les traces d'un tumulus de 10^{m} environ de diamètre, ayant encore une certaine élévation au commencement du siècle.

Nombreux cercueils en pierre trouvés dans un cimetière particulier appelé *le Cimetière des étrangers*.

Petit couvent de Camaldules, fondé en 1659 et supprimé en 1787.

Plusieurs fiefs dans la commune, Chauvigny, Beauvallon, Le Colombier, dont le pavillon principal est encore debout.

ÉPUISAY. Espireium.

A 11 kil. à l'E.-N.-E. de Savigny et à 17 kil. de Vendôme.

Moyen âge.

Eglise paroissiale de Saint-Etienne, du XIIe au XIIIe siècle, remaniée presque entièrement au XVe siècle. Plan rectangulaire. Longueur 30m,65; largeur, 9m; hauteur, 6m,30. Belle et grande fenêtre à réseau flamboyant, dans le pignon Est; quatre à meneaux au midi, et deux au nord, dont une de la Renaissance. En dedans du pignon ouest, restes de colonnes cylindriques engagées, chapiteaux supportant des naissances de nervures ogivales. Porte d'entrée du XVIe siècle, niche au-dessus, avec écussons de chaque côté. L'un, entouré du collier du Saint-Esprit, a été gratté; l'autre, incliné, soutenu par deux hérauts d'armes avec casque de chevalier accosté de deux anges. Sur le pilier de la porte, à l'intérieur, statue mutilée d'un chevalier. Voûte ogivale en bois, divisée en huit travées. Dans l'une d'elles, on lit cette inscription :

Par les maudits hérétiques,
Autrefois je fus brûlée;
Par les bénits catholiques,
Je fus relevée.

Ce lambris a été fait des aumônes des gens de bien, en 1624.

Courtemblay, manoir autrefois très important, à 1,200 mètres au nord-ouest d'Epuisay.

FONTAINE-EN-BEAUCE. Fontanæ.

A 11 kil. au S.-S.-E. de Savigny et à 21 kil. de Vendôme, dans un vallon étroit où coule un petit ruisseau qui va se jeter dans le Loir.

Epoque celtique.

Polissoir en poudingue siliceux dans la cour du château

de la Fosse. Forme irrégulière. Longueur, 0m,95; largeur, 0m,90. Surface à peu près plane en dessus. Cinq rainures de différentes longueurs et largeurs, les unes anguleuses, les autres arrondies au fond.

Epoque mérovingienne.

Cercueils en pierre trouvés auprès de l'église. Agrafe de ceinturon en bronze, avec quatre croix en relief aux angles.

Moyen âge.

Eglise paroissiale de Saint-Pierre, du XIe au XIIe siècle, remaniée et agrandie à différentes époques. Nef primitive de 11m,80 sur 7m,65. Au XVe siècle, prolongement de la nef à l'Est. Addition, au sud de ce prolongement, d'une chapelle de 12m de longueur sur 5m,85 de largeur, en saillie sur la nef, avec laquelle elle est réunie par une arcade ogivale biaise. Intérieur divisé en deux travées, surmontées à l'extérieur de deux pignons aigus percés de fenêtres à meneaux. Litre autour de l'église. Porche en avant du pignon ouest.

Au hameau de Grand-Ry, à deux kilomètres au N.-E. du bourg, ancien prieuré de Saint-Blaise, de l'ordre de Saint-Benoît, fondé en 1155. La chapelle subsiste encore et sert de grange. Plan rectangulaire, terminé par une abside demi-circulaire. Longueur, 14m ; largeur, 6m. Pignon ouest, terminé par un campanile avec un écusson gratté au-dessous. Toit très aigu. Belle fontaine à quelques mètres de distance.

A trois kilomètres au sud-est de Fontaine, ancien manoir de La Fosse, récemment reconstruit sur la pente du coteau bordant la belle vallée du Loir.

A trois kilomètres au nord-est, La Richardière et Les Coupes ont encore conservé leurs enceintes de fossés.

FORTAN.

A 10 kil. à l'E.-S.-E. de Savigny et à 15 kil. de Vendôme.

Moyen Age.

Eglise paroissiale de Saint-Calais, du XVe siècle, bâtie sur l'emplacement de la chapelle du prieuré des Bénédictins de Saint-Calais. Plan rectangulaire. Longueur, 26^m ; largeur, 8^m,20 ; hauteur, 7^m. Belle voûte en bois sur entraits. Porte ornementée dans le pignon ouest. Deux chapelles latérales récentes, formant bras de la croix. Fresques couvrant autrefois une partie des murs. Quelques traces çà et là, entre autres un grand panneau représentant l'*Ensevelissement du Christ,* nombreux personnages. Rétables en pierre, de 1667, au fond du sanctuaire et dans les deux chapelles. Fonts baptismaux également en pierre, sous la forme d'une statue de Samson, un genou en terre, supportant sur sa tête inclinée un globe en bois, qu'il maintient de sa main droite, armée d'une mâchoire d'âne. Le globe, s'ouvrant par le milieu, est surmonté de deux petites statuettes en bois, de 0^m,25 de hauteur, et délicatement sculptées. Un lion est couché à la gauche de Samson.

Ancien prieuré, devenu presbytère.

LUNAY. Luniacum.

A 12 kil. au S.-E. de Savigny et à 14 kil. de Vendôme.

Epoque gauloise.

Grottes et souterrains du *Breuil,* sur les bords du Loir, à 4 kilomètres au S.-E. de Lunay. Ces grottes, creusées dans le rocher coupé à pic, forment plusieurs étages, communiquant entre eux par des escaliers taillés dans le rocher, et renfermant des salles de toutes dimensions. L'une d'elles mesure 10^m sur 8^m. A l'une de ses extrémités, on rencontre une excavation ou puits de forme conique, mesurant 2^{m} de profondeur, 0^{m},70 de diamètre à l'orifice et 1^{m},80 au fond. Baies de différentes grandeurs sur la vallée. A la base de ce rocher, saillant en cet endroit, deux murs épais, à quelque distance l'un de l'autre, sont percés de portes donnant accès dans une grotte de 15^{m} de profondeur sur 5^{m} de largeur, appelée encore dans le pays *La Prison*. Elle communique au fond, par un trou étroit, avec un souterrain perpendiculaire, dont le sol est plus bas. Longueur, 16^{m} ; largeur, 4^{m}. Trois enfoncements de 2 mètres carrés sont pratiqués dans la paroi de droite, ainsi que plusieurs niches. La voûte, peu élevée, présente, au milieu de sa longueur, l'ouverture ovale d'un conduit incliné traversant le rocher sur une hauteur de 7^{m},20 et destiné à éclairer l'intérieur.

Sur le sommet du coteau, on rencontre un amas de pierres ou *Murger*, de vastes dimensions, en forme de butte, ayant pu servir d'intermédiaire entre celles de Vendôme, des Roches et de Trôo. (Hist. Arch. du Vend., pp. 16 et 17.)

Epoque romaine.

Débris de constructions gallo-romaines à la Mézière, à 3 kilomètres au S.-E. du bourg. Briques à rebords, poteries fines vernissées, à personnages et ornements variés. Fibule, collier. Petite clef de la même époque trouvée au Breuil.

Moyen âge.

Eglise paroissiale de Saint-Martin, dont la fondation primitive est attribuée à saint Julien. Construction d'époques différentes, composée d'une nef, d'un chœur et d'une tour en pierre élevée à la jonction de ces deux parties de l'église. Cette tour quadrangulaire, du XIIe siècle, à contre-forts peu saillants dans les angles et colonnes cylindriques au milieu, contient, à 8^{m} de hauteur, une série d'arcatures en plein cintre surmontées de fenêtres lancéolées. La partie carrée, de 18^{m} de hauteur, est terminée par une flèche octogonale remaniée, avec quatre clochetons aux angles. Hauteur totale, 37m. Rez-de-chaussée voûté. Cloche de 1721. Chœur quadrangulaire du XIVe siècle, en retraite sur la tour. Longueur, 13m ; largeur, 8m,80. Inclinaison très sensible, au sud-est, sur l'axe de la nef. Chevet plat, percé d'une large fenêtre à cinq meneaux ; réseau orné de quatre feuilles. Nef du commencement du XVIe siècle. Longueur, 26m,50 ; largeur, 12m ; hauteur, 8m,10. Dans le pignon ouest, grande arcade à plusieurs voussures en retraite, renfermant des portes géminées. Ecusson aux armes de Bourbon, remplacé par une rosace.

A quelques mètres au nord de l'église, ancien prieuré de *Saint-Martin,* de l'abbaye d'Evron, formé de deux bâtiments perpendiculaires l'un sur l'autre et d'époques différentes. Fenêtres murées du XIIIe siècle dans le bâtiment parallèle à l'église ; l'autre, par ses ouvertures ornementées, accuse l'époque de la Renaissance. Construction en pierre de moyen appareil. L'enclos, de 35 ares de superficie, était entouré de murs et de fossés sur trois faces. Colombier à l'un des angles.

La paroisse de Lunay renfermait plusieurs chapelles, entre autres : celle du cimetière, de Notre-Dame des Sept-Douleurs, détruite aujourd'hui, et passant pour avoir été la primitive église paroissiale. But d'un pèlerinage autrefois très fréquenté.

Ancienne chapelle de *Sainte-Catherine,* du XIIe siècle, entre le Loir et les grottes du Breuil. Pignon Est encore debout, percé de trois fenêtres en plein cintre.

A six kilomètres au S.-S.-E. du bourg, chapelle de *Saint-Marc,* détruite, au hameau d'Asnières, jadis très habité. Statue de saint Marc conservée. Nombreuses maisons des XVe et XVIe siècles, subsistant en partie.

Chapelle du château de LA MÉZIÈRE, de 10m,90 sur 6m,35. Trois fenêtres en tiers-point dans le pignon Est. Dalles funéraires, de 1608 et de 1623, de René Taillevis et de sa femme.

Chapelle de BEAUREGARD, dans l'ancien manoir de ce nom, à 6 kilomètres au nord-ouest, démolie au commencement du siècle. Statues en pierre de saint Sylvain et de saint Evroux, conservées dans la ferme et invoquées encore aujourd'hui pour la guérison des douleurs.

Anciennes habitations des XVe et XVIe siècles, au hameau de Nonais.

Manoir de CHAUFOUR, du XVe siècle, adossé au même coteau. Pavillon à rez-de-chaussée et deux étages au-dessus. Pan coupé à l'un des angles, contenant la porte d'entrée, surmonté d'une tour en encorbellement. Caves dans le rocher, avec portes et fenêtres de la même époque. Murs épais formant l'enceinte.

Château de LA MÉZIÈRE. Enceinte quadrangulaire bordée de fossés de 9 à 10 mètres de largeur. Construction, d'époques différentes, élevée sur l'emplacement d'une villa gallo-romaine. Elégant pavillon de la Renaissance, contenant la porte d'entrée du château. Façade sur les fossés très ornementée. (V. le dessin dans l'Hist. du Vend.)

LES TOURELLES, à 6 kilomètres au S.-S.-E. de Lunay, ancien manoir, en partie détruit, au pied d'un coteau sur lequel s'élève encore une tour avec meurtrières.

SAINT-CALAIS, fief, au pied du même coteau. Porte d'entrée en plein cintre, avec tourelles aux angles.

VILLEPROUVAIRE, à 2 kilomètres au sud-est du bourg, ancien manoir du XVe siècle, au pied d'un coteau. Bâtiment principal, avec tour d'escalier dans l'un des angles, et tourelle à l'opposé, sur un pilier quadrangulaire.

LA PERRINE, à quelques mètres du précédent. Construction de la même époque, aujourd'hui détruite.

Sur le coteau en face, LES VAUX, fief dépendant de Villeprouvaire. Beau colombier à 6 pans, démoli récemment.

LA PETITE et LA GRANDE-BARRE, anciens manoirs, détruits autrefois, entourés de fossés profonds.

Dans le bourg de Lunay, deux maisons du XVIe siècle, l'une très ornementée au sud de l'église, et l'autre à l'ouest, avec tour d'escalier en saillie sur le bâtiment.

SAVIGNY. SAVINIACUM.

A 25 kilomètres au N.-O. de Vendôme.

Epoque romaine.

Une voie antique, longeant la rive gauche de la Braye, traversait la commune de Savigny.

Moyen âge.

Eglise paroissiale de Saint-Pierre, dont la construction primitive est attribuée à saint Julien, et présentant aujourd'hui un curieux assemblage de constructions des XIIe, XVe, XVIe et XVIIe siècles. La portion du XIIe, occupant maintenant le milieu de l'église, est composée d'une travée quadrangulaire de 7m de côté. Faisceaux de colonnes engagées. Voûte de 9m de hauteur sur grosses nervures à boudins. A l'Est, trois travées successives, avec piliers à pans et voûtes à réseau, des XVe et XVIe siècles. Longueur des quatre travées, ensemble 27m,75 ; largeur, 7m. Collatéral nord de quatre travées de 4m de large, dont la première forme la base d'une tour quadrangulaire, percée à une certaine hauteur d'un double étage de fenêtres géminées à cintre brisé, et terminée par une flèche octogonale. Tourelle polygonale pour l'escalier à l'ouest. Hauteur de la tour, 46m. Collatéral sud de trois travées. Les deux premiers sont surmontés, à l'extérieur, de pignons aigus, dont l'un se termine par une statue. A l'Est, grand pignon commun au sanctuaire et à la dernière travée du collatéral nord. Statue à la pointe. Au XVIIe siècle, prolongement de l'église à l'ouest. Longueur, 16m,50 ; largeur, 9m,72 ; hauteur, 8m,15. Voûte lambrissée en ogive. Pignon percé d'une porte très ornementée.

Vieille forteresse du Xe au XIe siècle, à 40 mètres environ au sud-ouest de l'église. Plan rectangulaire de 35^m sur 28^m, ceint de murs épais avec tours aux angles. Donjon rectangulaire au milieu, de 10^m sur $7^m,50$, en partie détruit. Il renfermait au moins trois étages, de 4^m de hauteur chacun, et éclairés par des ouvertures en plein cintre. Dans l'épaisseur des murs, de $1^m,70$, on trouve, à différentes hauteurs, des vides de $0^m,30$ sur $0^m,25$, remplis autrefois par des poutrelles destinées à prévenir l'écartement et les lézardes des murs. La tour d'angle à l'Est, assez bien conservée, de $2^m,50$ de diamètre intérieur, est percée de trois meurtrières étroites. Fossés larges et profonds autour de la forteresse. Belle fontaine à quelques mètres au sud.

La petite ville de Savigny était en outre défendue par une ceinture de murailles flanquées, de distance en distance, de tours, dont une partie subsiste encore. Ces murailles venaient aboutir à la forteresse, qu'elles renfermaient, et la superficie intérieure était d'environ 6 hectares.

Ancien prieuré de Saint-Sauveur, du XIe siècle, dépendant de l'abbaye de la Trinité de Vendôme, à 200 mètres a l'ouest de l'église. Construction importante, du XVe siècle, élevée sur les ruines du prieuré primitif. A l'Est de ce bâtiment, chapelle rectangulaire, terminée par une abside à trois pans. Trois travées de voûtes à nervures du XVe siècle. Longueur, $10^m,80$; largeur, $6^m,10$. Dans la travée du milieu, traces de grandes arcades ogivales murées, indiquant l'existence de chapelles latérales. Toit aigu. Pignon ouest d'une construction postérieure à celle de la chapelle actuellement en démolition.

Chapelle de Saint-Sulpice, à 12 mètres à l'Est de l'église paroissiale. Longueur, 15^m ; largeur, $4^m,70$. Plusieurs tombeaux en pierre trouvés dans cette chapelle, transformée en habitation.

A trois kilomètres au S.-O. de Savigny, à l'angle du val de la Braye et d'une gorge assez profonde, on trouve les traces très apparentes d'un fortin triangulaire formant en pointe un angle droit, dont les deux côtés, à trente mètres du sommet, sont réunis par un fossé circulaire de 20m de largeur sur 4m de profondeur. Ce fossé défendait l'approche du fortin du côté du plateau. Pentes très abruptes sur le val et sur la gorge. Fontaine au-dessous.

Les Patis, à 500 mètres au sud-ouest de Savigny. Ancien manoir entouré de fossés. Porte d'entrée défendue par deux tours. Bâtiments au nord et à l'ouest, plongeant dans les fossés, précédés d'une première enceinte.

Le Chatelier, à 5 kilomètres au S.-E., construction en pierres et briques, du XVIIe siècle, élevée sur les ruines d'un ancien manoir du XIVe au XVe siècle.

Les Bruyères-de-Sainte-Catherine, à 4 kilomètres au S.-E., présentant les traces d'un ancien campement, occupé postérieurement par un couvent d'hommes.

A 1,500 mètres au nord, Auvines, ancien fief avec colombier, sur les bords de la Braye.

SOUGÉ. Sougeium.

A 15 kil. au S.-S.-O. de Savigny et à 30 kil. de Vendôme.

Epoque romaine.

Voie antique du Mans à Tours, débouchant de la vallée de la Braye et traversant la plaine de Sougé.

Une autre voie entre Sougé et Trôo.

Le Camp de César, à 500 mètres à l'ouest de Sougé, établi sur un promontoire de 50 mètres au-dessus de la vallée du Loir, formait une enceinte irrégulière, orientée du N.-E. au S.-O., et mesurant environ 300 mètres de longueur sur 100 mètres de largeur. Cet espace se divisait en deux parties renfermant le *castellum* au midi et le *castrum* au nord, séparés par un fossé de 10m de largeur. Sur le bord du fossé et en dedans du *castellum*, rempart en terre très élevé avec une ouverture au milieu. La deuxième enceinte, ou *castrum*, était terminée au N.-E. par un fossé et un escarpement en terre, qui défendaient les approches du côté du plateau. (Hist. Arch. du Vend., p. 57, et Caylus, Antiq. gallo-rom., t. 4, p. 177.) Ornement militaire en argent et un mors de bride trouvés au camp de César.

A l'Est du camp, on a trouvé un vase rempli de petites médailles en bronze de Tetricus et de Victorinus; plus récemment, une médaille de Bérénice et des gauloises. Nombreuses fondations, briques à rebords, etc.

Moyen âge.

A l'ouest de l'église et y touchant, s'élève une maison du XIe siècle, renfermant le presbytère et la mairie, et conservant tout le caractère d'une construction religieuse. Porte d'entrée murée, avec archivolte et cordon à dents de scie. Deux petites fenêtres romanes à la suite, surmontées d'ouvertures d'une époque postérieure.

Eglise paroissiale de Saint-Quentin, de la fin du XVe siècle, élevée sur l'emplacement d'une très ancienne construction, dont la base du mur, au nord, conserve encore des traces. Nef rectangulaire de 31^{m} de longueur, sur 9^{m},60 de largeur et 6^{m},40 de hauteur. Belle fenêtre à meneaux dans le pignon Est. Petites chapelles voûtées sur nervures, à droite et à gauche de la nef. Tour quadrangulaire intérieure à l'angle sud-ouest, surmontées de deux dômes successifs en charpente, terminés par une flèche octogonale. Dans le pignon ouest, porte du XVIe siècle et fenêtre au-dessus entre deux contreforts très élevés.

A l'ouest du bourg, chapelle de *Saint-Amador*, creusée dans le rocher, à mi-côte environ. Longueur, 15^{m} ; largeur, 5^{m}. Porte à l'ouest. Autel au fond, au-dessous d'une niche renfermant la statue du saint, objet d'un pèlerinage suivi pour la guérison des fièvres. Les villages voisins y venaient en procession. L'usage voulait qu'on ne pénétrât dans la chapelle qu'après en avoir fait le tour, au moyen d'un long corridor percé dans le rocher, et dont l'entrée et la sortie sont à quelques mètres de la porte de la chapelle. Une terrasse en avant est remplie de fondations.

Ancien collège de Sougé, de 1626, sur le penchant du coteau, à l'ouest de l'église. Grand bâtiment à rez-de-chaussée, et premier étage, auquel on parvient par un escalier en pierre placé extérieurement dans le pignon ouest. Galerie ouverte, avec balustrades, divisée en trois compartiments. (Bull. de la Soc. Arch. du Vend., oct. 1867.)

Les Noues, ancien manoir, à 1 kilomètre au S.-S.-O. de Sougé. Terrain rectangulaire, entouré de fossés bordés intérieurement de vastes bâtiments formant murailles. Tour d'angle circulaire, à deux étages, bien conservée. Colombier à l'autre extrémité. Mur et porte d'entrée à l'Est. Ancien pont-levis.

La Roche-Vermond, autre manoir, sur le sommet du coteau dominant la vallée de la Braye, au nord de Sougé. Grand pavillon à deux étages, dont il ne reste plus que le rez-de-chaussée. Porte ornée d'un écusson. Escalier en pierre. Tour à l'un des angles.

CANTON DE SELOMMES

(Chef-lieu : SELOMMES.)

16 Communes :

BAIGNEAUX, LA CHAPELLE-ENCHÉRIE, COULOMMIERS, ÉPIAIS, FAYE, PÉRIGNY, PRAY, RENAY, RHODON, ROCÉ, SAINTE-GEMMES, SELOMMES, TOURAILLES, VILLEMARDY, VILLEROMAIN, VILLETRUN.

BAIGNEAUX. BALNEOLI.

A 6 kil. au N.-E. de Selommes et à 18 kil. de Vendôme.

Epoque romaine.

Embranchement, à Villetrun, d'une voie antique se dirigeant sur Beaugency, en passant par Baigneaux.

Moyen âge.

Eglise paroissiale de Saint-Pierre. Construction primitive du commencement du XIe siècle, alors simple chapelle de prieuré. Longueur, 12m,15 ; largeur, 7m,75. Addition, au XVe siècle, d'un chœur à chevet plat. Clocher en charpente. Dalles funéraires du commencement du XVIIe siècle. Coquille circulaire à six lobes intérieurs, formant les fonts-baptismaux. Croix en cuivre argenté avec ornements au repoussé.

A deux mètres du mur du sud de la nef, bâtiment de l'ancien prieuré, du XIe siècle, dépendant de l'abbaye de la Trinité de Vendôme. Voûte en plein cintre, divisée en trois travées par des arcs-doubleaux peu saillants. Contreforts extérieurs au nord et à l'ouest. Croix cylindrique en pierre dure dans le cimetière.

LA CHAPELLE-ENCHÉRIE. Capella Anscherici.

A 9 kil. au N. de Selommes et à 12 kil. de Vendôme.

Moyen âge.

Eglise paroissiale de Saint-Sulpice, élevée récemment sur l'emplacement d'une ancienne chapelle du XIe siècle. Prieuré, de la même époque, de l'abbaye de la Trinité de Vendôme.

Château moderne, remplaçant un ancien fief des seigneurs de Beaugency, cédé au Vendomois en 1339.

COULOMMIERS ou COLUMMIERS. Colomberie.

A 6 kil. à l'O.-N.-O. de Selommes et à 7 kil. de Vendôme.

Epoque celtique.

Haches taillées et polies, trouvées à Coulommiers.

Epoque romaine.

A 500 mètres à l'Est du bourg, au lieu dit *Les Murgers*, se trouve un amas de pierres formant un carré de 12^m de côté. En fouillant, on a rencontré, à $0^m,50$ au-dessous du sol, les fondations d'une construction gallo-romaine de même dimension, divisée en plusieurs compartiments. L'un d'eux renfermait un bassin de 2^m sur 1^m, à fond cimenté et parois en briques, aux angles arrondis. Encoignures en pierres appareillées.

A l'ouest du bourg, monticule peu saillant recouvrant les restes d'une villa gallo-romaine, située, comme la précédente, à peu de distance de la voie antique du Mans à Blois passant par Vendôme, Coulommiers, Villetrun, etc.

Epoque mérovingienne.

Dans le cimetière, au nord de l'église, des fouilles ont mis à découvert un assez grand nombre de cercueils en pierre; l'un d'eux renfermait deux glaives ou scramasaxes de dimensions différentes. En février 1863, on a rencontré un caveau cylindrique de 2^m de diamètre, terminé par une calotte demi-sphérique percée d'une ouverture au sommet. Ce caveau contenait quatre squelettes assis, ainsi que plusieurs têtes d'animaux, moutons et chèvres. Les terres l'avaient envahi presque en entier.

En 1864, on a mis à découvert des fondations s'étendant sous la route actuelle. Ces murs, de 0^m,80 d'épaisseur, avec couloirs voûtés en maçonnerie, appartiennent à une époque fort ancienne.

Nombreux souterrains dans l'intérieur du bourg.

Moyen âge.

Ancien château du Xe au XIe siècle, composé d'une tour ou donjon circulaire, de 9^m de diamètre intérieur, avec murs de 2^m,80 d'épaisseur à la base. Trois étages dans la hauteur; galerie crénelée au sommet. Cheminée à hotte conique au deuxième étage. Un tiers de ce donjon subsiste encore. A 8 mètres de distance, muraille ou chemise, de 1^m,80 d'épaisseur. Fossés larges et profonds entourant la butte elliptique sur laquelle il est élevé. Au sud, point le plus accessible de la forteresse, commence une chaussée de 15 à 16^m de largeur, bordée de chaque côté de vastes étangs, desséchés récemment. Restes importants de maçonnerie, sur cette chaussée, indiquant des travaux de défense en avant du château.

Eglise paroissiale de Saint-Jean-Baptiste, de différentes époques. Plan rectangulaire, comprenant une nef et deux collatéraux. Longueur totale, 27^m,80 ; largeur, 12^m,20 ; de la nef, 5^m,10 ; hauteur des murs de la nef, 9^m,30 ; des bas-côtés, 5^m,50. Six travées de collatéraux, communiquant avec la nef par des arcades en tiers-point, reposent sur piliers cylindriques aux chapiteaux variés. La première travée du collatéral nord forme la base de la tour du XIe siècle, dont la partie inférieure a dû appartenir à l'époque mérovingienne. Murs de 1^m,40 d'épaisseur, en pierres de petit appareil. Rez-de-chaussée voûté. Chapelle au premier étage. Tourelle à l'Est pour l'escalier. Cloche de 1522.

Fenêtres murées de la nef au-dessus des arcades. Pignon ouest, du XIe siècle, percé d'une porte romane ornementée. Cordon à billettes surmonté d'une fenêtre en plein cintre; claveaux en pierres et briques alternées. Pignon Est, du XIIIe siècle, percé de trois fenêtres lancéolées. Dalles funéraires à l'intérieur. En avant de l'église, porche curieux en bois, de la Renaissance, récemment détruit.

Ancien prieuré de COULOMMIERS, du XIe siècle, dépendant de l'abbaye de la Trinité de Vendôme. Restes importants d'un bâtiment de 31^m^ de long sur 8^m^,50 de large. Caveaux voûtés en pierres appareillées. Autre bâtiment en retour, du XVe siècle. Vastes cheminées à l'intérieur. Tourelle à pans à l'extrémité. Colombier bien conservé avec son appareil intérieur.

Chapelle de SAINT-JEAN, du prieuré, détruite.

Ancienne maladrerie démolie. (On retrouve, dans les archives de la fabrique, les comptes et dépenses de cet établissement pour une année du XVIe siècle.)

ÉPIAIS. ESPERLE.

A 8 kil. au N.-E. de Selommes et à 16 kil. de Vendôme.

Moyen âge.

Eglise paroissiale de Saint - Martin, composée de deux parties distinctes, l'une du XIe siècle à l'ouest, l'autre du XVe siècle, à l'est. Longueur totale, 16^m^,70; largeur, 7^m^. Voûte lambrissée à cinq pans, et couverte d'arabesques, de fleurs de lys et de croix dans des caissons. Beau rétable du XVIIe siècle. Cloche de 1773.

FAYE ou FÉE. FAGIA.

A 6 kil. au N.-O. de Selommes et à 11 kil. de Vendôme.

Moyen âge.

Eglise paroissiale de Saint-Brice, d'époques différentes. Nef rectangulaire du XIe siècle. Longueur, 18^m^; largeur, 9^m^.

Fenêtres et portes romanes. Chœur et sanctuaire du XIIe au XIIIe siècle, avec une inclinaison sensible au sud-est sur l'axe de la nef. Construction en pierres appareillées. Longueur, 11^m. Le chœur, formant une travée, est séparé de la nef et du sanctuaire par des faisceaux de colonnes engagées sur piliers. Des faisceaux de colonnettes séparent aussi les cinq pans de l'abside, percés de fenêtres en tiers-point, appuyées sur un cordon demi-cylindrique ; voussures en retraite ornées d'étoiles. Hauteur des colonnes, y compris la base et le chapiteau, 5^m. Voûtes, de 9^m d'élévation, sur arcs-doubleaux et nervures à boudins. A chaque angle extérieur de l'abside, contre-fort, terminé par un rampant aigu. Corniche simple, supportée par des corbeaux. A l'intérieur, huit stalles aux miséricordes sculptées, provenant de l'ancienne église paroissiale de Saint-Bienheuré de Vendôme.

A trente mètres au sud de l'église, ancien manoir, dont une tour entière subsiste encore. Enceinte rectangulaire de 70^m sur 60^m, y compris les fossés, de 10^m de largeur.

PÉRIGNY. Perigniacum.

A 4 kil. à l'O.-S.-O. de Selommes et à 10 kil. de Vendôme.

Epoque gauloise.

Dans le petit vallon entre Périgny et Villeromain, conduits souterrains se ramifiant dans différentes directions. Entrée obstruée.

Moyen âge.

Eglise paroissiale de Saint-Lubin, de trois époques différentes. Chœur et sanctuaire du XIe siècle, formant probablement la chapelle du prieuré. Longueur, 7^m,65 ; largeur, 5^m,75. Nef du XVe siècle. Longueur, 18^m,25 sur 6^m,80. En 1521, construction d'une chapelle au nord du chœur, avec lequel elle communique par deux arcades reposant au milieu sur un pilier à pans, formant ainsi deux travées de voûtes sur nervures. Longueur, 6^m,15; profondeur, 5^m,90.

On a trouvé dernièrement, dans cette chapelle, un caveau sépulcral, fermé par deux dalles retournées, et portant en dessous des armoiries en haut relief de la famille de Périgny. Deux dalles funéraires, dans le chœur, de 2m,20 sur 1m. Clocher en charpente à la jonction de la nef et du chœur. Porche en avant de l'église.

Ancien prieuré du XIe siècle, dépendant de l'abbaye de Saint-Laumer de Blois.

Restes du vieux château de Périgny, à quelques mètres au nord de l'église. Belle fontaine dans un bassin carré en pierre dure.

PRAY. Pereium.

A 13 kil. au S.-O. de Selommes et à 11 kil. de Vendôme.

Epoque mérovingienne.

Cercueils en pierre, avec couvercle, trouvés en 1864 dans un champ, à un kilomètre au nord du bourg. Voie antique.

Moyen âge.

Eglise paroissiale de Saint-Pierre, primitivement simple chapelle d'un prieuré de Marmoutiers, du XIIe siècle. Longueur, 7m,20; largeur, 5m. Porte romane murée, et perron entre la chapelle et le prieuré. Nef, du XVe siècle, longue de 12m,40 sur 7m,10 de large. Fenêtres à réseaux flamboyants. Clocher en charpente à la jonction des deux constructions. Cloche de 1643, avec une inscription latine. Porche en avant du pignon ouest. Bancs en pierre autour. Plusieurs dalles funéraires, dont une de 1570. A l'entrée de l'église, petit bénitier demi-sphérique, de 0m,40 de diamètre, en pierre dure polie, avec cannelures en ronde bosse, portant sur le devant un écusson armorié : *d'argent à trois lézards de sinople au croissant de gueules montant en chef.* Statuette, en pierre, de religieux. Deux statues de saint Pierre et saint Paul, de 1m de hauteur.

A l'Est de l'église, on vient de détruire le bâtiment principal de l'ancien prieuré, long de 25^{m} sur 7^{m} de large. Rez-de-chaussée en pierre de taille. Premier étage en colombages très variés dans leur disposition. Caves voûtées en berceau. Grange de l'ancien prieuré, encore debout, avec ses trois nefs divisées en sept travées. Longueur, 26^{m} ; largeur, 13^{m}.

Ancien château de Pray, comprenant deux enceintes successives, bordées de fossés profonds. Bâtiment du commencement du XVe siècle. Plusieurs autres détruits. (Louis XI a séjourné dans le château de Pray.)

Vieille maison du XVe siècle dans le bourg.

A deux kilomètres à l'ouest du bourg, ancien manoir seigneurial de Villejumer. Découverte, il y a vingt ans environ, au milieu de la cour, d'une cave voûtée en berceau, avec caveaux à droite et à gauche.

RENAY. Rena.

A 11 kil. au N.-N.-O. de Selommes et à 11 kil. de Vendôme.

Moyen âge.

Eglise paroissiale de Saint-Gilles, du XIe au XIIe siècle. Nef rectangulaire, terminée par une abside demi-circulaire. Longueur, $19^{m},10$; largeur, $7^{m},10$. Voûte en bois sur entraits. Inscription du XVIe siècle sur le lambris. Quatre dalles funéraires armoriées, dont une de 1540. Cloche de 1663. Litre extérieure.

Ancien château de Renay, du XIIe siècle, remanié à différentes époques: Tour primitive à trois étages. Au XVIe siècle, tranchée pratiquée dans toute la hauteur, pour y élever, les unes au-dessus des autres, trois fenêtres à pilastres et chapiteaux finement sculptés. Lucarne très ornementée au-dessus. Toit très aigu. Pavillon adhérent, percé d'une petite porte, avec rainure pour la poutrelle du pont-levis. Fossés autour du château, en partie comblés. Constructions modernes.

RHODON. Rhodo.

A 6 kil. à l'E. de Selommes et à 18 kil. de Vendôme.

Epoque romaine.

Plusieurs médailles en bronze d'empereurs romains, dont deux Antonins, trouvés dans le bourg.

Moyen âge.

Eglise paroissiale de Saint-Cloud, des XIe, XIIe et XIIIe siècles. Nef rectangulaire, de 20m de long sur 5m,70 de large, terminée par une abside demi-circulaire, de 3m de profondeur. Fenêtres romanes autour, surmontées extérieurement d'une corniche saillante, reposant sur des modillons à figures humaines et à têtes d'animaux. Nef divisée en quatre travées, séparées par des arcs-doubleaux rectangulaires et des colonnes engagées sur piliers. Voûtes en pierres de petit appareil sur nervures. Hauteur, 8m. La travée joignant l'abside est du XIIe siècle. Fenêtres romanes. Murs et voûte plus élevés que dans les autres travées. Nervures à boudins se réunissant à un écusson renfermant une tête de Christ nimbé. Clocher en charpente au-dessus de cette travée. Les trois autres, du XIIIe siècle, sont éclairées par des fenêtres ogivales. Grande variété dans l'ornementation des chapiteaux. Porte à l'ouest, aux colonnettes supportant une archivolte composée de tores en retraite. Addition postérieure à l'angle sud-ouest d'une tour hexagonale, terminée par un toit pyramidal. Porche en avant du pignon ouest, renfermant une dalle funéraire du XVIe siècle. Autre dalle armoriée, de 1655, dans l'intérieur de l'église. Fonts baptismaux du XVe siècle. Pèlerinage à Saint-Cloud (*Ce monument curieux pèche par la solidité.*)

A trois kilomètres au N.-E. de Rhodon, ruines du château de Boisseleau. Enceinte rectangulaire bordée de fossés.

Tour aux quatre angles, dont une, bien conservée, encore debout. Voûte demi-sphérique au rez-de-chaussée. Vastes bâtiments, dont il ne reste plus qu'une série de caveaux voûtés.

ROCÉ. Roceium.

A 7 kil. au N.-O. de Selommes et à 7 kil. de Vendôme.

Epoque romaine.

Voie de Fréteval à Blois, passant par Rocé.

Moyen âge.

Eglise paroissiale de Saint-Pierre, du XIe siècle. Nef et sanctuaire rectangulaires, réunis par une arcade. Longueur de la nef, 19m,15 ; largeur, 5m,92. Longueur du sanctuaire, 5m,80 ; largeur, 4m,65. Dans le pignon ouest, porte à double archivolte en retraite, avec cordon à dents de scie. Inscription en vers, gravée sur pierre, à la mémoire d'un sieur Gobinet, chef du gobelet du roi, et de sa femme, tous deux décédés en 1631.

Deux grands blancs de Charles VI, et plusieurs autres monnaies de la même époque, dont plusieurs en or, trouvés dans la marne.

SAINTE-GEMMES. Sancta Gemma.

A 7 kil. au N.-E. de Selommes et à 19 kil. de Vendôme.

Moyen âge.

Eglise paroissiale de Sainte-Gemmes et de Saint-Gilles, du XIIIe siècle, remaniée à différentes époques. Plan rectangulaire, terminé par une abside à trois pans. Longueur, 26m,65 ; largeur, 8m,75. Entraits sculptés. Ecusson aux armes de France sur l'un d'eux. Plusieurs fenêtres du XVe siècle. A la naissance des rampes du pignon, deux lions, dont l'un soutient un écusson portant une croix en relief. Porche en avant de l'église. A l'intérieur, quatre dalles funéraires. L'une, de 1664, avec armoiries. Une autre, très endommagée, présente des lettres de quatre centimètres de hauteur et en relief.

NOYERS, à deux kilomètres à l'ouest du bourg, ancien manoir, entouré de fossés. Petite chapelle très ornée, détruite au commencement du siècle.

SELOMMES. SOLEMNIACUM.

A 13 kilomètres au S. de Vendôme.

Epoque romaine.

Ancienne voie de Fréteval à Blois, passant par Rocé et venant s'embrancher avec celle du Mans à Blois par Vendôme et Coulommiers.

A deux kilomètres au nord de Selommes, non loin de la voie antique, au lieu dit *Les Terres-Noires,* existait un exhaussement assez étendu. En 1859, des travaux, pour le nivellement du terrain, mirent à découvert les ruines d'un bâtiment de 100m de long sur 10m de large, divisé en plusieurs pièces par des cloisons. Le sol avait disparu sous une masse énorme de moellons de petit appareil, de débris de tuiles à rebord, de poterie plus ou moins fine, recouvrant une quantité de squelettes humains, de toutes grandeurs, pouvant s'élever à 80. Parmi les décombres, quelques médailles romaines grand et moyen bronze. D'autres constructions moins importantes, en avant, contenaient de nombreux squelettes d'animaux, disposés par espèces dans des cases séparées. (Il est évident qu'on avait là devant les yeux les ruines d'une grande exploitation agricole, qui a dû être détruite presque instantanément par le feu ou par la guerre, ce qui explique la présence d'un aussi grand nombre de cadavres sur un même point.)

Découverte toute récente d'un Valentinien III, en or, parfaitement conservé.

Epoque mérovingienne.

Ancien cimetière, entouré de murailles dont on voit les restes. Nombreux cercueils en pierre, avec couvercle, trouvés dans ce cimetière et dans d'autres parties du bourg. Collier dans l'un d'eux. Souterrains voûtés dans les terrains avoisinant l'église.

Moyen âge.

Eglise paroissiale de la Sainte-Vierge, du XIe siècle. Nef et chœur rectangulaires. Longueur de la nef, $16^m,80$; largeur, $8^m,90$; hauteur, 8^m. Chœur de $11^m,40$ sur $6^m,30$ et 10^m de hauteur. Porte murée au nord. Au milieu du pignon ouest, avant-corps, contenant la porte d'entrée avec colonnes à chapiteaux et archivolte en retraite. Corniche saillante au-dessus, reposant sur des modillons frustes et surmontée d'une fenêtre. Le pignon Est présente une véritable mosaïque de petites pierres, formant, par leur combinaisons géométriques, des dessins variés, disposés par bandes horizontales. Appareil tantôt réticulé, obliqué, octogonal. Fenêtre au milieu. Archivolte à billettes. Cordon saillant au-dessus, aboutissant aux contre-forts des angles. Voûte en bois, à l'intérieur, sur entraits sculptés. L'un deux renferme un personnage en relief, tenant d'une main un animal par la corde, et de l'autre une hache levée sur lui. Porche en avant de l'église. Au nord et dans le prolongement du pignon Est, s'élève une tour rectangulaire de $6^m,24$ sur $5^m,85$ dans œuvre, et 16^m de hauteur, semblant avoir été plutôt une tour de défense qu'une dépendance de l'église, à en juger par ses dimensions, ses meurtrières servant de fenêtres et par l'épaisseur de ses murs, beaucoup plus élevés autrefois. Une partie de celui de l'ouest est démolie. Petit escalier circulaire au N.-E. Contre-forts à retraits aux angles.

Au nord de l'église, ancien prieuré important, dont il reste encore la grande porte ogivale, accompagnée d'une petite pour les piétons, et une portion des murs d'enceinte.

A 250 mètres environ au nord, se trouvent les ruines du vieux château de POINTFOND, dans un vallon étroit et marécageux. Bâtiment rectangulaire. Longueur, 50m ; largeur, 10m ; terminé aux deux extrémités par une tour circulaire. Rez-de-chaussée et quelques pans de murs du premier étage. Pièces encore voûtées à l'intérieur. Mur du nord garni d'une douzaine de contre-forts peu saillants. Epaisseur des murs, de 1m,30 à 1m,50. Fossés autour.

A trois cents mètres au sud-est, dans le même petit vallon, on rencontre une belle fontaine, dédiée à saint Bouchard, qui attire de nombreux pèlerins pour la guérison des fièvres.

Dans l'intérieur du bourg, ancien manoir seigneurial du XVe au XVIe siècle.

A deux kilomètres au nord de Selommes, VILLARCEAU, fief important, où existait une chapelle.

Découverte en 1867, à Selommes, d'une grande quantité de pièces d'argent (un kilo et demi pesant), plus deux pièces d'or. La plupart sont de la fin du XVIe siècle, et presque toutes en assez mauvais état. (Bull. de la Soc. Arch. du Vend., 6e année, p. 78.)

TOURAILLES.

A 10 kil. au S.-S.-O. de Selommes et à 16 kil. de Vendôme.

Moyen âge.

Eglise paroissiale de Saint-Jean, du XIIe siècle. Plan rectangulaire. Longueur, 18m,50 ; largeur, 5m,85. Deux contre-forts dans le pignon ouest encadrent une porte en plein cintre. Porche, en avant, avec bancs en pierre autour. On y a relégué deux bassins en pierre dure, présentant des variétés aux cavités polyobées. Croix de consécration sur l'un des contre-forts.

VILLEMARDY. VILLA MARDINI.

A 3 kil. au S. de Selommes et à 11 kil. de Vendôme.

Epoque romaine.

Voie antique passant par Selommes et Villemardy.

Moyen âge.

Eglise paroissiale de Saint-Martin, primitivement simple chapelle de prieuré, du commencement du XIIe siècle, augmentée postérieurement d'un chœur et d'un sanctuaire. En 1759, la foudre tomba sur le clocher, et incendia une partie de l'église jusqu'au chœur, préservé de la destruction par ses voûtes en pierre. L'ancien pignon ouest subsiste encore. Nef de $16^{m}40$ sur $8^{m},15$. Chœur de la fin du XIIe siècle, terminé par une abside, demi-circulaire à l'extérieur et à trois pans à l'intérieur. Longueur ensemble, $8^{m},30$; largeur, 6^{m}. Voûtes sur nervures à boudins reposant, dans le chœur, sur quatre colonnes à chapiteaux, et, dans l'abside, sur des colonnettes séparant les pans. Hauteur de la voûte, $8^{m},50$. Porche en avant du pignon ouest. Baie terminée par un fronton aigu. A droite et à gauche, petite fenêtre carrée avec un meneau au milieu.

A 50 mètres à l'ouest de l'église, restes de l'ancien prieuré de Villemardy, consistant en un vaste bâtiment, de $26^{m},10$ de long sur 13^{m} de large, appelée *La Grange des Dîmes,* et en une partie de l'ancienne habitation remaniée. La grange a son entrée dans le pignon du sud. Grande porte charretière en tiers-point entre deux contre-forts. Fenêtre au-dessus. A droite et à gauche, petite porte fermée par une plate-bande à consoles au-dessous. Construction en pierres dures appareillées. Le pignon nord percé d'une fenêtre entre deux contre-forts. Intérieur composé de trois nefs, séparées par des poteaux montés sur dés en pierre et formant sept travées.

VILLEROMAIN. Villa Romani.

A 5 kil. au S.-O. de Selommes et à 10 kil. de Vendôme.

Epoque romaine.

A *Villebazin*, situé à 2,500 mètres au sud du bourg, non loin d'une voie antique, on découvrit, en 1817, les fondations d'une ancienne habitation, et des vases en métal, contenant environ trois mille médailles romaines, petit et moyen bronze, entre autres de Galère-Maximien, de Maxence, de Constance Chlore. On trouva, à la même époque, des vases en terre remplis de cendres, de grandes urnes ansées en terre et en verre. Petit animal fantastique en bronze doré, découvert récemment.

Moyen âge.

Eglise paroissiale de Saint-Etienne, du XIe siècle, remaniée à différentes époques. Nef et chœur rectangulaires. Longueur totale, 27^m; largeur de la nef, 7^m,80 ; du chœur, 5^m,50. Fenêtres romanes très étroites, encore apparentes. Dans le pignon ouest, porte en plein cintre, avec archivolte à tores ornés de billettes, nouvellement restaurée. Corniche extérieure, formée d'un quart de rond, soutenu par des modillons. Fenêtres du XVIe siècle, percées dans la nef et dans le chœur. Dalle funéraire de 1739. Tribune et clocher modernes.

Ancien fief des seigneurs de Beaugency, cédé au Vendomois en 1339.

VILLETRUN. Villetrum.

A 4 kil. au N.-O. de Selommes et à 9 kil. de Vendôme.

Epoque romaine.

Voie antique du Mans à Blois, passant par Vendôme, Coulommiers, et venant s'embrancher à Villetrun avec celle de Fréteval à Blois.

Moyen âge.

Eglise paroissiale de Saint-Martin, du XIe siècle. Plan rectangulaire. Longueur, 28m,15; largeur, 7m,32. Au nord, fenêtres romanes très étroites et élevées au-dessus du sol. Dans le pignon ouest, porte en plein cintre, avec colonnes et archivolte aux nombreuses moulures ornées de dents de scie et de feuillages. Dans le chœur, caveau sépulcral de deux mètres carrés, renfermant deux cercueils en plomb de la famille *Saint-Chamand*. Fresque représentant l'entrée de Jésus-Christ à Jérusalem, sur le mur sud de la nef.

Epoque moderne.

Petites chapelles latérales formant bras de la croix, et abside demi-circulaire, construites en 1857.

A quelques mètres au sud-est de l'église, le château de Villetrun, ancien fief des seigneurs de Beaugency, cédé au Vendomois en 1339. Traces des murs d'enceinte, avec tours aux angles. Porte et fenêtre de la Renaissance dans le bâtiment principal.

Ancien manoir, dit La Picotière, à 500 mètres au sud du bourg.

CANTON DE VENDOME

(Chef-lieu : VENDOME.)

13 Communes :

AREINES, AZÉ, MARCILLY-EN-BEAUCE, MAZANGÉ, MESLAY, NAVEIL, SAINTE-ANNE, SAINT-OUEN, THORÉ, VENDOME, VILLERABLE, VILLIERS, VILLIERSFAUX.

AREINES. ARENÆ.

A 3 kilomètres au N.-E. de Vendôme.

Epoque romaine.

Voie antique du Mans à Orléans, traversant la plaine de l'ouest à l'est, et passant le Loir à gué près d'Areines.

Substructions d'un théâtre gallo-romain, découvert en 1862, à 500 mètres à l'ouest de l'église. Cinq murailles concentriques, formant des segments plus grands que la demi-circonférence, se terminent à un mur en ligne droite de 68^{m} de long. Superficie totale de l'enceinte, 25 ares; emplacement des gradins, 15 ares environ. Maçonnerie des fondations en moellons noyés dans le mortier, avec revêtement en pierres de petit appareil, de 0^{m},15 sur 0^{m},12. On a trouvé, dans un champ voisin, des urnes et des médailles en bronze des empereurs Domitien, Trajan, Adrien, Marc-Aurèle. (Bull. de la Soc. Arch. du Vend., 2e année, p. 24.)

A quelques cents mètres au sud du théâtre, découverte, en 1866, des restes d'un établissement de bains, composé d'une première salle de moyenne dimension, suivie d'une autre de 12^{m},80 de long sur 5^{m},90 de large, présentant, à son extrémité, deux enfoncements, l'un demi-circulaire, l'autre rectangulaire en face. La partie du sol déblayée de cette pièce, couverte d'une épaisse couche de béton, est parsemée d'une série de petits piliers en briques carrées de $0^m,40$ de hauteur, destinés à porter un plancher détruit. Cette pièce est suivie d'un emplacement étroit pour le fourneau et de plusieurs autres salles. Débris de tuyaux en briques de forme losangée. Nombreux clous, briques à rebords et fragments d'enduits peints, trouvés dans les décombres.

Moyen âge.

Eglise paroissiale de Notre-Dame du Mont-Carmel. Au XIIIe siècle, simple chapelle de prieuré, *Capella de Arenis*, composée de l'abside et du chœur actuels. Addition postérieure d'une nef de 15^m de long sur $7^m,20$ de large, renfermant à l'angle sud-est une tour carrée terminée par une flèche en charpente. Dalles funéraires de 1534 et 1639.

AZÉ ou AZY.

A 10 kilomètres au N.-O. de Vendôme.

Moyen âge.

Eglise paroissiale de Saint-Pierre. Construction primitive du XIe siècle. Plan rectangulaire. Longueur, $28^m,65$; largeur, $9^m,60$, remaniée à différentes époques. Le mur, dans une certaine longueur, au nord-ouest, est construit en moellons appareillés, et percé de trois fenêtres romanes étroites. Prolongement de l'église, à l'Est, du XVe au XVIe siècle. Belle croisée de l'époque dans le chevet. Restes de vitraux. Addition, au XVIIe siècle, d'une tour quadrangulaire saillante sur le mur du sud. Chapelle voûtée au rez-de-chaussée. Autre chapelle lui faisant suite a l'Est. Sous la sacristie, escalier conduisant à un corridor de 2^m de largeur sur 2^m de hauteur, et voûté en plein cintre. Porte donnant accès à un puits de forme carrée. Enfoncements dans les murs formant placards. Autre porte en face et à quelque distance, muraille récente fermant l'accès d'une crypte s'étendant sous le chœur.

Prieuré de COURTOZÉ, *Curtis Ozilli*, à 2,500 mètres au S.-S.-O. d'Azé, dépendant de l'abbaye de la Trinité de Vendôme, et bâti à l'appui du coteau. Murailles épaisses, formant une enceinte demi-circulaire. Pavillon d'entrée assez bien conservé. Longueur, 10^{m},78; épaisseur, 6^{m}; hauteur, 7^{m},50. Toit en croupe. Contre-forts aux angles et au milieu de la façade extérieure. Grande porte cintrée pour les voitures; petite porte pour les piétons, à plusieurs archivoltes. Cordon au-dessus des portes, supportant, au premier étage, deux arcades renfermant des fenêtres géminées séparées par une colonnette. Dans l'intérieur de la cour, chapelle de 12^{m} de long sur 6^{m} de large. Porte à plusieurs voussures dans le pignon ouest; doubles fenêtres élancées, surmontées d'une autre losangée. A droite et à gauche, addition postérieure d'un bâtiment, abrité sous le prolongement du toit de la chapelle.

Non loin du bourg, ancienne chapelle de SAINT-SULPICE, située près d'une fontaine. Pèlerinage autrefois très fréquenté.

A 3 kilomètres au nord, prieuré de BEAULIEU, et chapelle romane de la Sainte-Vierge, convertie en grange.

MARCILLY-EN-BEAUCE. MARCILLIACUM.

A 6 kil. au S.-O. de Vendôme.

Epoque romaine.

Traces d'une voie antique traversant la commune.

Moyen âge.

Ancienne maison seigneuriale, donnée, en 833, à l'abbaye de Marmoutiers par un comte du nom de *Troannus*. (Hist. Arch. du Vend., p. 104.)

Eglise paroissiale de Saint-Pierre, du XIe siècle, remaniée. Nef de 11^{m},40 sur 7^{m},60, jointe par une arcade en plein cintre à une abside demi-circulaire de $5^m,70$ de diamètre, avec voûte en cul-de-four. Porte d'entrée à l'ouest, fermée par une archivolte à tores et dents de scie. Porche en avant de l'église. Litre extérieure, portant les armoiries des Rochambeau.

MAZANGÉ. Mazangeium.

A 11 kilomètres à l'O.-N.-O. de Vendôme.

Epoque romaine.

Une partie du mur septentrional de la nef et du chœur de l'église est bâtie en pierres de petit appareil, séparées par une couche de mortier de $0^m,04$ d'épaisseur. L'église passe pour avoir succédé à un temple païen.

Petit monument, à 300 mètres au N.-E. de l'église, sur la pente d'un coteau assez élevé. Assis sur des blocs de pierre énormes, sa forme rectangulaire, de $3^m,90$ sur $3^m,45$, s'élève encore à une hauteur de $2^m,50$, avec un appareil de pierres échantillonnées, alternant avec des rangs de briques longues et épaisses. L'intérieur est un massif de pierres noyées dans le mortier-ciment. A quinze mètres au-dessous, traces d'une ancienne voie, a moitié taillée dans le roc. (Ce petit monument serait-il un tombeau, ou l'une de ces tours élevées pour indiquer des divisions territoriales ?)

Médailles d'empereurs romains, dont l'une, en argent, de Gordien, et fragments de bouclier trouvés à Mazangé.

Epoque mérovingienne.

Nombreux cercueils en pierre, rangés symétriquement, découverts en creusant des fondations auprès d'une ancienne chapelle. Quantité d'autres recueillis dans la vallée.

Moyen âge.

Eglise paroissiale de Saint-Lubin. Construction d'époques différentes, en pierres appareillées. Nef rectangulaire ; chœur et sanctuaire de même forme, bâtis en dehors de l'axe de la nef. Tour à la jonction sud-est de la nef et du chœur. Sanctuaire et chœur du XIIIe siècle, moins le mur septentrional gallo-romain. Longueur, 11^m ; largeur, 7^m,55. Tour carrée, du XIIe siècle, de 3^m de côté dans œuvre, et flanquée de contre-forts. Fenêtre en plein cintre sur les deux faces apparentes de l'est et du sud. A 10^m,50, la tour devient octogonale en se détachant du toit de l'église. Clochetons aux angles. Fenêtres ogivales élancées sur quatre faces. Cordon au-dessus, surmonté d'une flèche de 21^m d'élévation. Hauteur totale, 36^m. Voûte d'arête au rez-de-chaussée. Tourelle d'escalier à l'est. Cloche de 1536, provenant de la collégiale Saint-Georges de Vendôme et portant le sceau du chapitre. Nef du XVe siècle. Longueur, 28^m ; largeur, 10^m,90 ; hauteur, 7^m,20. Belles fenêtres à meneaux au sud. Petite porte d'entrée, avec accolade du même côté. Pignon ouest, percé d'une porte très ornementée. Voûte en bois sur entraits sculptés, portant la date de 1563. Arabesques et écussons armoriés à la pointe de l'ogive. Pèlerinage fréquenté à sainte Émérance.

A 100 mètres à l'ouest de l'église, chapelle de SAINT-CLÉMENT, aujourd'hui détruite. Sous son emplacement, on trouve les restes d'une chapelle souterraine ou crypte, à laquelle on arrive par un couloir voûté de 2^m,20 de large. Partie quadrangulaire à la suite, de 3^m de côté, avec voûte en arc de cloître. Cette travée est suivie de plusieurs autres, encombrées par un éboulement.

Dans le coteau à l'est de l'église, vastes souterrains se reliant entre eux par des passages étroits et parfois inclinés. Le devant du rocher est masqué par des murs épais, aux assises appareillées, et percés d'ouvertures en plein cintre et en ogive.

Le fort du GUÉ-DU-LOIR, à deux kilomètres au sud-est de Mazangé. Dans un endroit où la route est très resserrée entre le Loir et le coteau, on voit un rocher énorme, formant une saillie prononcée et percé de profondes excavations à 20m environ au-dessus de la route. Une muraille épaisse crénelée, élevée circulairement en avant du rocher, masquait ces excavations. Couloirs étroits dans l'épaisseur du rocher, pour établir une surveillance et pour servir d'issue au besoin. En 1823, éboulement d'une partie de la muraille et du rocher. Boulets trouvés dans les décombres.

Le long du coteau, nombreuses grottes taillées dans le rocher. Chapelle de Saint-André dans l'une d'elles. L'autel subsiste encore.

La Bonaventure, au hameau du Gué-du-Loir. Ancien manoir entouré de murs flanqués de tours. Porte d'entrée avec pont-levis. Restes de la chapelle dédiée à saint Bonaventure (1).

MESLAY. Au XIIIe siècle, Mauleium.

A 4 kil. au N.-E. de Vendôme.

Moyen âge.

Château du siècle dernier, remplaçant un ancien manoir, flanqué de tours et entouré par les eaux du Loir. *(Henri IV y séjourna lors du siège de Vendôme, en 1589.)*

Eglise paroissiale de Saint-Calais, de 1733, renfermant deux dalles funéraires, avec écussons et reliefs en cuivre, l'une de 1503, l'autre plus récente.

NAVEIL. Navolium.

A 3 kilomètres à l'O. de Vendôme.

Epoque romaine.

Dans la plaine, au sud-est de l'église, au lieu dit

(1) Antoine de Bourbon et Henri IV possédèrent ce manoir, où fut composée la chanson qui a pour refrain : *La bonne aventure au gué.*

Tourteline, on rencontre de nombreuses fondations d'habitations gallo-romaines. Petits aqueducs pour l'écoulement des eaux, restes de mosaïques, débris de poterie, de vases de marbre, etc. Découverte en 1836, près de la rivière, de six fours en briques, adossés deux à deux. Médailles d'empereurs romains. Plusieurs voies romaines aboutissaient, des deux côtés du Loir, à un point portant encore le nom de *Gué de villa*.

Pointe de lance en bronze trouvée sur Naveil. (Bull. de la Soc. Arch. du Vend.)

Epoque mérovingienne.

Nombreux cercueils en pierre, par groupes rangés symétriquement, recueillis fréquemment autour de l'église actuelle sur une étendue de trente ares environ. Agrafes et boucles de ceinturons, médailles, etc.

Moyen âge.

La Bouchardière, sur le coteau, à deux kilomètres au sud-ouest de Naveil. Enceinte rectangulaire de 100m sur 90m, avec larges fossés. Entrée à l'ouest. A l'intérieur, restes d'une tour ou donjon circulaire de 5m de diamètre. Puits large et profond. Manoir postérieur au-dessous. Belle tour encore debout.

En 1655, messire Etienne Dupont, seigneur de la Bouchardière, conseiller-aumônier du roi, donna à la fabrique de l'église de Naveil une maison voisine de l'église pour servir d'habitation vicariale.

En 1742, lors de la construction d'un mur de clôture en face du presbytère, on trouva, dans les fondations, des cercueils en pierre contenant des médailles en bronze à l'effigie de plusieurs empereurs romains.

Eglise paroissiale de Saint-Gervais et Saint-Protais, composée de deux parties bien distinctes. Celle de l'ouest, du XIe siècle, mesure 19m sur 9m,10. Dans le pignon ouest, cordon à billettes supportant une fenêtre romane. Ancienne tour intérieure à l'angle nord-ouest. En 1743, suppression de l'abside demi-circulaire à l'Est, remplacée par une construction plus large et plus élevée que le reste de l'église. Longueur, 12m,35; largeur, 11m; hauteur, 7m,10. Belle fenêtre de l'époque dans le pignon Est, vitrail représentant le Christ entre deux larrons. Voûte en bois de 1541, divisée en quatre travées. Les douze apôtres sont peints dans les compartiments. Litre intérieure aux armoiries des Rochambeau.

La partie haute de l'église, à l'Est, a été construite, en 1743, par le chapitre de l'église collégiale de Saint-Georges, ainsi que la tour quadrangulaire, à l'ouest, formant porche. Ces travaux furent terminés en trois années.

Au village de La Chaise, chapelle de Saint-Pierre et petit établissement religieux détruits.

Le Bois-aux-Moines, sur le coteau, au sud. Ancienne maison du XVe siècle, dépendant de l'abbaye de la Trinité de Vendôme.

Montrieux, *Mons ridens,* au nord de l'église. Vastes grottes souterraines, ayant autrefois servi de carrières, le long du coteau (1). Sur le plateau au-dessus, ancien fief de Montrieux et chapelle de Saint-Faustin, servant aujourd'hui d'habitation.

Prépatour, château du XVIIe siècle, au pied du coteau, bâti sur les ruines de constructions anciennes. Fenêtre et porte du XIVe siècle dans le mur faisant face au rocher. Chapelle avec abside demi-circulaire, creusée dans ce dernier.

SAINTE-ANNE. Sancta Anna.

A 4 kilomètres au S. de Vendôme.

Epoque romaine.

Traces d'une voie antique au nord de la commune.

(1) C'est dans l'une d'elles qu'en 1656 fut imprimée la première édition des *Lettres Provinciales.*

Moyen âge.

Église paroissiale de Sainte-Anne du XIe au XIIe siècle. Longueur, 19^{m},60 ; Largeur, 6^{m},20. Porte romane murée dans le mur du nord. Restes d'arabesques et d'écussons sur la voûte en bois. Cloche de 1691. Dalle funéraire de 1604, avec personnage en pied gravé en creux.

SAINT - OUEN.

A 3 kilomètres au N.-E. de Vendôme.

Époque romaine.

Voie antique passant sur la commune.

Moyen âge.

Église paroissiale de Saint-Ouen, du XIe siècle, au pied d'un rocher coupé verticalement en cet endroit. Fenêtres romanes et pierres à sculptures très frustes dans le mur au midi. Au XVIe siècle, démolition d'une partie de l'église à l'ouest pour la reporter à l'est. Tour carrée à l'ouest, de 13^{m} de hauteur. Belle fontaine au chevet de l'église (1).

Villeporcher, au nord. Château moderne bâti sur l'emplacement d'un ancien manoir entouré de fossés.

Pierrefitte, au nord-ouest. Restes de fossés formant l'enceinte de l'ancien fief.

La Jousselinière, vieille forteresse entourée de fossés profonds, à 4 kilomètres au N.-N.-O. de Saint-Ouen. Enceinte quadrangulaire de 130^{m} sur 120^{m}. Donjon à l'intérieur et bâtiments démolis dans le siècle dernier. Traces de maçonnerie sur le fossé au nord, indiquant l'emplacement du pont-levis. Chapelle de Saint-Marc, en dehors de l'enceinte, remplaçant la chapelle intérieure du château dédiée à saint Gilles.

(1) D'anciennes fresques ont été retrouvées, lors de la reconstruction de l'église, il y a quelques années.

THORÉ. TAURIACUS.

A 9 kilomètres à l'O.-S.-O. de Vendôme.

Epoque celtique.

A sept ou huit cents mètres au nord de Thoré, au lieu dit *La Cave-aux-Eaux,* découverte de cinq puits dans le rocher à ciel ouvert. Leur forme est celle d'un cône tronqué de 2m de profondeur. Orifice, 1 mètre; diamètre inférieur, de 2 à 3 mètres. Lors des premières fouilles, on y trouva des squelettes accompagnés de nombreux ossements d'animaux de toutes sortes, des débris de vase, etc. (Voir le Bull. de la Soc. Arch. du Vend., 1re année.) Deux autres puits funéraires, au coteau des Quatre-Vaux, au sud, et un dans la vallée de Rochambeau contenant un squelette d'enfant.

Dans cette même vallée, nombreux et profonds souterrains avec auges et anneaux taillés dans le rocher. Haches polies.

Epoque romaine.

Découverte, en 1866, des restes d'une villa gallo-romaine, près du hameau de la Cunaille, à deux kilomètres au nord de Thoré, près du Loir. Salle basse et naissance d'escalier en pierre. Nombreux débris de tuiles à rebords. Poteries noires et rouges vernissées, ornées de gracieux dessins en relief, avec marques de potier. Vases en verre, clous, etc. (Voir Bull. de la Soc. Arch. du Vend., t. V, p. 101.)

Plusieurs cercueils en pierre, avec couvercle en forme de toit, trouvés sur le revers du coteau, au nord du bourg.

Moyen Age.

Près de là, au lieu dit LES CHATEAUX, constructions importantes. Vieilles tours, dont la dernière vient d'être détruite.

Eglise paroissiale de Saint-Denis, située sur le sommet

d'une colline. Construction du XIe au XIIe siècle, dont il ne reste que la tour en pierres appareillées, de $3^m,75$ sur $3^m,30$ dans œuvre. Doubles contre-forts peu saillants aux angles, s'élevant jusqu'à la corniche surmontée d'une flèche octogonale, avec clochetons aux angles. Hauteur totale, 37^m. Fenêtres élancées à arc brisé, au-dessous de la corniche. Ancienne chapelle voûtée au rez-de-chaussée. Fresques sous l'enduit actuel. Armoiries des Vimeur de Rochambeau. Nef et collatéraux récemment construits. Longueur, $25^m,55$; largeur totale, $13^m,70$.

Maisons des XIVe et XVe siècles, dans le bourg. L'une d'elles, portant le nom de *Vicariat*, récemment démolie. En avant du bâtiment principal, pavillon étroit au pignon aigu. Escalier extérieur, aboutissant à une porte défendue par un moucharaby, avec fenêtre derrière.

Château de ROCHAMBEAU, à 2 kilomètres au N.-E. de Thoré, bâti entre le coteau et le Loir, coulant au pied. Construction relativement moderne, succédant à un ancien manoir du XIIe siècle, flanqué de tours dont on voit encore les fondations dans la rivière. Murs d'enceinte. Chapelle du XVIIe siècle dans le rocher. Le long du coteau, plusieurs maisons des XVe et XVIe siècles.

Petit couteau à lame gravée et inscription, trouvé à Thoré.

VENDOME. VINDOCINUM.

Epoque celtique.

Au hameau du Temple, pierre levée en poudingue, de $2^m,20$ de hauteur.

En 1864 et 1865, découverte, dans les déblais du chemin de fer, d'une grande quantité de pierres taillées, haches ébauchées, couteaux, pointes de flèches, grattoirs, scies. (Voir Bull. de la Soc. Arch. du Vend., IVe année, p. 187.)

Epoque romaine.

Voie antique du Mans à Orléans, traversant diagonalement la plaine ; nombreux clous à larges têtes, trouvés en fouillant sur son parcours. Autre voie de Tours à Chartres. Pilum ou fer de lance près le pont Saint-Michel. Lampe en terre et glaive à lame très large, dans un tombeau à Courtiras. Médailles de Néron, Claudius, et collier de perles en verre fermé par un bouton en cuivre, découverts sur la place Saint-Martin.

Le château de Vendôme, *Vindocinense Castrum*, semble remonter à une haute antiquité. Situé sur le sommet du coteau dominant la ville, sa forme est celle d'un quadrilatère irrégulier, de 160^{m} sur 105^{m}. Double fossé large et profond, à l'est et au sud. Coupure dans le coteau à l'ouest. Hautes et épaisses murailles, flanquées de tours. Portes d'entrée à l'est et au sud, précédées autrefois d'un pont-levis. Du côté de la ville, baille- extérieure fermée par des murs descendant des extrémités du château jusqu'au Loir, coulant à 90 mètres. Portes à l'est et à l'ouest. Fortifications le long de la rivière. .Porte, encore debout, servant de communication entre le château et la ville. Constructions d'époques différentes, dans l'intérieur du château ; la plus ancienne, dite *Tour de Poitiers*, vieux donjon demi-circulaire, du XIe siècle, à l'angle sud-est, divisé en trois étages, dont deux renferment, dans l'épaisseur des murs, des cachots de 1^{m},80 de longueur, 0^{m},50 de largeur et 1^{m},50 de hauteur. Grande salle voûtée à l'étage supérieur. Plate-forme au-dessus, à laquelle on arrive par un escalier cylindrique intérieur. Hauteur de la tour, 30^{m}. Autre bâtiment très ancien dit *La Capitainerie*, au nord-ouest. Constructions d'époques différentes du côté de la ville. Dans la cour, église collégiale de Saint-Georges, fondée en 1037. Plusieurs vestiges encore debout. Nef et chapelles latérales renfermant les tombeaux des comtes et ducs de Vendôme, détruits en 1792. (Voir, pour la description des tombeaux, M. de Passac, l'abbé Simon.)

Ancienne église paroissiale de Saint-Lubin, contiguë à celle de Saint-Georges, et démolie vers le milieu du XVIIe siècle. Construction, à la même époque, par César de Vendôme, d'un vaste bâtiment à trois étages et d'une rampe à trois portes pour monter au château. Belle galerie souterraine creusée dans le rocher, allant, en serpentant, de la cour intérieure, rejoindre, à 20[m] au-dessus, une fontaine intérieure très abondante.

Fortifications de la ville, élevées d'abord en 1230, et agrandies en 1346. Murs flanqués de tours, formant une demi-circonférence de 2,000 mètres environ de développement. Quatre portes principales, deux au nord et deux au midi. Passage fortifié avec pont-levis, allant de l'abbaye dans les prés voisins. Arche crénelée, flanquée de tours, au-dessus d'un bras du Loir.

Anciens ponts en pierre des XIIIe et XIVe siècles, Saint-Georges, Perrein, *Pons Petreus*, Chartrain, remplacés par de plus modernes.

Abbaye cardinale de la Trinité, du XIe siècle, l'une des plus importantes du royaume, construite entre deux bras du Loir, occupant un espace de 300[m] sur 200[m] et renfermant de vastes bâtiments, remaniés à différentes époques. Grand réfectoire et bibliothèque au-dessus. Cour carrée, entourée de cloîtres du XIVe au XVe siècle ; église au fond. Cuisine, du XIe siècle, à l'extrémité ouest du grand bâtiment. (Viollet-le-Duc, t. IV, p. 465, Dict. d'Arch.) Vaste construction du XIe siècle séparant, à l'ouest, l'abbaye de la ville, et contenant les celliers, les écuries, les greniers. Entrée principale du monastère au milieu. Ce bâtiment, de 120[m] environ de longueur, subsiste encore en partie, et offre de curieux spécimens de portes et fenêtres de l'époque. Au nord, chapelle de Notre-Dame-de-Pitié, du XIe siècle, remaniée et agrandie à différentes époques. Cimetière autour. Monastère fortifié en 1356. Chapelle de l'infirmerie, à quelques mètres au sud-est de l'église, primitive chapelle de l'abbaye, des XIe et XIIe siècles. Maison abbatiale du XVIe siècle (aujourd'hui presbytère), remplaçant l'ancienne demeure fortifiée de l'abbé. Canal traversant diagonalement les cours et bâtiments. Ecluse au point de départ et moulin à l'intérieur, sans compter ceux du pont Perrein, établis en 1039. Bâtiment principal du couvent, reconstruit au commencement du XVIIIe siècle. Longueur, 86^m^ ; largeur, 8^m^. Rez-de-chaussée voûté, deux étages au-dessus. Il reste de ce monastère, aujourd'hui quartier de cavalerie, le grand bâtiment du XVIIIe siècle, les cloîtres, la chapelle de l'infirmerie, celle de Notre-Dame-de-Pitié, le bâtiment dit les greniers, la maison abbatiale, et enfin l'église, devenue paroissiale.

Eglise abbatiale de LA TRINITÉ. Construction primitive du XIe siècle, remaniée à différentes époques. Clocher du XIIe siècle, à 10^m^ du pignon ouest de l'église et l'un des plus curieux de l'époque. Forme carrée à la base, de 13^m^ de côté sur 33^m^ de hauteur. Trois étages d'ouvertures superposées, au-dessus desquelles il devient octogonal avec pinacles à toit conique aux angles. Hauteur, 13^m^. Grandes baies aux archivoltes en tiers-point sur quatre faces. Cordon à modillons, surmonté d'une flèche octogonale de 34^m^ avec nerfs saillants aux angles et au milieu de chaque face. Elévation totale, 80^m^. Escalier cylindrique en pierre, à l'est. Cloche de 1700. (Viollet-le-Duc, Dict. d'Arch., t. III, p. 351). Eglise en forme de croix latine. Nef avec collatéraux faisant le tour du chœur. Cinq chapelles absidales. Transept à chevets plats, sans portes latérales. Longueur totale, 82^m^ ; largeur, y compris les bas-côtés, 18^m^,50 ; du transept, 32^m^. Hauteur des maîtresses voûtes, 22^m^,30 ; des basses voûtes, 9^m^. Huit travées dans la nef, deux dans le chœur. Abside à cinq pans. Le transept, seul reste de la primitive église du XIe au XIIe siècle. Quatre travées de voûtes moins élevées que celle de la croisée. Chapelle de la Vierge du XIVe siècle ; trois travées. Inclinaison sensible au nord-est, sur l'axe de l'église. Chapelles adjacentes de la même époque, ornées d'élégantes arcatures. A partir du transept, deux travées de la nef du XIVe siècle, les deux suivantes du commencement du XVe, et les quatre dernières de la fin du XVe. Au premier étage, triforium régnant dans la nef et dans le chœur, et formant le prolongement inférieur des grandes fenêtres du deuxième étage. Balustrade ornée de quatre feuilles et de flammes. Dans le collatéral nord, deux chapelles, l'une du XIVe siècle, l'autre du XVIe, pour les fonts baptismaux. Le collatéral sud communique par deux portes à la partie adjacente des cloîtres, récemment cédée par le génie. Portail occidental de la fin du XVe siècle. Curieux spécimen de cette époque. Double rang de contre-forts au sud, comprenant le collatéral et le cloître. Stalles en bois, de la fin du XVe siècle, autour du chœur, précédé autrefois d'un jubé. Décoration architecturale en pierre de la Renaissance dans trois des entre-colonnements de l'abside. Le quatrième espace est vide ainsi que le cinquième, autrefois rempli par le monument de la Sainte-Larme, dont le soubassement existe encore. (Voir Hist. Arch. du Vend., p. 187.) Vitraux, dont quelques-uns sont remarquables, l'un d'eux surtout, du XIe siècle, représentant la Vierge assise dans une auréole elliptique. (Voir la description par M. de Lasteyrie.) A l'extrémité sud du transept, ancienne salle du XIIe siècle, aujourd'hui sacristie, divisée en cinq travées, à deux étages de voûtes, dont la plus élevée subsiste encore. Elle précédait la belle salle capitulaire, transformée en écurie.

Eglise paroissiale de Saint-Martin, aujourd'hui détruite, moins la tour, servant de beffroi. Construction primitive du Ve au VIe siècle, remplacée par plusieurs autres. La dernière, de deux styles différents, se réunissant par moitié et sans transition au milieu des piliers. Plan rectangulaire. Nef et collatéraux terminés par des absides à cinq pans. Longueur totale, 30^{m}; largeur, 20^{m}. La partie à l'ouest, jusqu'au transept, est du XVe siècle. Cinq travées de voûtes en pierre. Façade occidentale divisée en trois compartiments; dernière travée du collatéral sud servant de base au clocher. Transept, chœur et abside du milieu du XVIe siècle. Chœur de 5^{m},80 de largeur. Hauteur commune des maîtresses voûtes, 20^{m} ; des basses voûtes, 9^{m}. Chapelles de chaque côté des collatéraux. Addition, à la même époque, de chapelles latérales entre les contre-forts, du XVe siècle. Portes latérales du transept, en retraite de l'épaisseur des chapelles. Elégant spécimen de la Renaissance, cette église, devenue halle en 1792, céda son titre de paroisse à celle de la Trinité. Eboulement survenu en 1854 à la jonction des deux époques d'architecture. Démolition en 1857. Conservation de la tour. (Plan complet au Musée.)

Eglise paroissiale de SAINT-BIENHEURÉ, dans le faubourg de ce nom, l'une des plus anciennes de la ville, bâtie à mi-côte en avant de la grotte où saint Beat vint se retirer dans le Ve siècle. Construction du XIe siècle, succédant à un sanctuaire primitif. Restes d'une partie de la tour et du sanctuaire. Vestiges de fresques du XIIe siècle. Fragments de nervures du XVe siècle. Grottes dans le rocher, servant de chapelles latérales.

Eglise paroissiale de SAINT-LUBIN. Primitif sanctuaire du VIe siècle dans ce faubourg, remplacé par une église paroissiale construite dans l'enceinte du château, adjacente à la collégiale. Cette église, démolie au XVIIe siècle, a été transférée dans le faubourg, près du prieuré et de la chapelle Saint-Léonard, encore debout.

Eglise de LA MADELEINE, de la fin du XVe siècle, quatrième paroisse de Vendôme. Nef rectangulaire, terminée par une abside à cinq pans. Longueur, 45^{m},30 ; largeur, 11^{m},20. Collatéral au nord, divisé en sept travées voûtées en pierre. Chapelles latérales au sud et sacristie de la fin du XVIIe siècle. Sanctuaire voûté en pierre sur réseau de nervures. La première travée, à l'ouest du collatéral, forme la base carrée du clocher, devenant octogonal à 25^{m} de hauteur. Clochetons aux angles. Galerie au-dessus de la corniche et flèche à nerfs saillants. Vitraux dans l'abside. Dalle funéraire du XVe siècle.

Prieuré de Saint-Pierre-la-Motte. Chapelle convertie en magasin. Construction du IXe au Xe siècle. Plan rectangulaire, terminé par une abside demi-circulaire. Longueur de la partie primitive, 10^{m}; largeur, 4^{m}; diamètre de l'abside, 2^{m},80. Voûte en berceau, de 4^{m},50 au-dessus du sol, interrompue au milieu de la nef par un arc-doubleau reposant sur deux colonnes demi-cylindriques. Deux autres semblables à la jonction de la nef et de l'abside. Voûte en cul-de-four dans cette dernière, éclairée autrefois par trois fenêtres complètement circulaires et murées. Vestiges de fresques. Chapiteaux des colonnes, ornés de têtes, de feuillages et d'oiseaux. Addition postérieure d'une nef de 7^{m},35 de longueur sur 6^{m},10 de largeur. Enclos jadis fermé par des murs.

Ancienne Maladrerie de Saint-Lazare, à l'extrémité du faubourg Chartrain. Des fouilles faites, il y a environ trente ans, ont mis à découvert la partie orientale d'une chapelle composée d'une abside et de deux absidioles demi-circulaires, précédées d'une sorte de transept, de 20^{m} de largeur, auquel venait aboutir un commencement de nef, de 8^{m} de largeur.

Chapelle de Saint-Denis-des-Prés, du XIIIe siècle, située à l'Islette, près la petite rivière Saint-Denis, et démolie à la fin du XVIIIe siècle. (C'est dans cette chapelle que les condamnés à mort passaient la nuit précédant leur exécution.)

Chapelle dans l'ancien cimetière, commun aux deux paroisses de Saint-Martin et de la Madeleine. Edifice détruit à la fin du siècle dernier.

Chapelle Saint-Jacques-du-Bourbier, du XIIe siècle, à l'entrée du faubourg Saint-Lubin, réunie, en 1204, à la Maison-Dieu [Hospice Saint-Jacques]. (Elle tirait son nom de l'emplacement toujours couvert par l'eau de la fontaine sortant du rocher voisin.)

Chapelle Saint-Sulpice, à l'extrémité du faubourg Saint-Lubin, auprès d'un puits portant encore ce nom. Cimetière en face. Souterrains à l'est, dans le coteau.

Chapelle de Saint-Jean-l'Hermitage, à 700 mètres environ à l'Est du château, construite à l'appui des terres, dans une coupure de la colline. Habitation de l'ermite au nord. Cellier voûté en plein cintre. Caveau s'étendant sous la chapelle. Plusieurs cercueils en pierre découverts lors de la démolition de la chapelle. Pièces d'or de Henri II trouvées dans l'enceinte. Belle fontaine de l'autre côté du chemin.

Au faubourg du Temple, chapelle et hôpital fondés, au XIIIe siècle, par les Templiers établis à Vendôme pour les pèlerins allant à Jérusalem. La chapelle, détruite récemment, mesurait 45[m] sur 10[m]. Vastes bâtiments auprès. Lors de la suppression des Templiers (XIVe. siècle), l'hôpital et la chapelle devinrent le prieuré de Sainte-Croix-de-la-Bretonnerie.

A deux kilomètres à l'ouest de la ville, prieuré et chapelle de Saint-Médard-lès-Vendôme, du XIe siècle, dits vulgairement Saint-Marc, dépendant de l'abbaye de Marmoutiers, et détruits récemment. Plan rectangulaire terminé par une abside demi-circulaire. Campanile à arcades géminées, contenant deux cloches. Dalles funéraires à l'intérieur. Fresques de saint Pierre et saint Joachim dans le sanctuaire.

A trois kilomètres au N.-O. de Vendôme, au village de Courtiras, chapelle de Saint-Hubert, de 1514.

Monastères.

Couvent des Templiers, fondé vers le milieu du XIIe siècle, et occupé, dans le siècle suivant, par les Cordeliers, dont il prit et conserva le nom jusqu'en 1790. Construction au centre de la ville, entre deux bras du Loir, sur une étendue d'un hectare et demi, et adossée à l'Est aux murs d'enceinte. Vastes bâtiments, renfermant une cour de 25m,50 sur 22m,20, dont l'église forme le côté nord. Cloîtres autour, à cinq arcades sur chaque face. Eglise de Saint-Jean, de la fin du XIIe siècle, souvent remaniée. Longueur, 36m,20; largeur, 9m. Fenêtres du XIVe siècle dans le mur du nord, et une autre grande murée, du XVe siècle, dans le pignon Est. Chapelle du Saint-Sépulcre, du XVe siècle, en saillie sur le mur du nord, proche le sanctuaire, Elle renfermait les tombeaux des Barentins. Cette chapelle, aujourd'hui détruite, a été remplacée par une autre dans la nef, où se trouve la statue à genoux d'Honoré Barentin, avec sa cotte d'armes semée d'étoiles. Autre chapelle détruite de Notre-Dame-de-Lorette, du XVIe siècle, à l'angle nord-ouest. (Ce couvent, occupé aujourd'hui par les Calvairiennes, a vu s'y réunir onze chapitres provinciaux, depuis le premier, en 1274, jusqu'au dernier, en 1747.)

Les Béghards, ancien couvent de moines mendiants de la fin du XIIe siècle, et supprimé dans le XIVe. On voit encore le pignon de la chapelle dans un groupe de maisons de la rue Renarderie.

Les Béguines, couvent de femmes, fondé à peu près à la même époque. Il ne reste de ce couvent que le nom donné à la rue dans laquelle il était situé.

Les Capucins, couvent fondé en 1605, à l'extrémité du faubourg Chartrain. Il reste, au milieu d'un vaste enclos, la chapelle convertie en habitation.

Le Calvaire, fondé en 1629, dans le même quartier. Bâtiments encore existants, occupés par un hospice de vieillards. Chapelle nouvellement reconstruite.

Les Ursulines, couvent fondé en 1645, à l'entrée du même faubourg. Constructions importantes, dont il ne reste que la chapelle, convertie en grange, et une partie des cloîtres dans les bâtiments de la prison, dépendant autrefois du couvent.

Les Grisettes, couvent de femmes, de 1685, dans la

rue Saint-Jacques. Bâtiments démolis en 1777 et réunis au collège.

Deux prêches de protestants de la fin du XVIe siècle : l'un, à l'extrémité de la rue Bretonnerie, pour la bourgeoisie ; l'autre, au pied du château, pour la noblesse.

La Maison-Dieu, ou hospice des pèlerins de Saint-Jacques, du XIIe siècle, démolie en 1622, pour y fonder le collège de César de Vendôme, et transférée dans une autre partie de la ville. Eglise Saint-Jacques du XIIe siècle, en partie détruite au XIVe et rebâtie au XVe dans sa forme actuelle, en ne conservant qu'une nef élargie au sud, au lieu de deux existant autrefois. Longueur, 21^{m} ; largeur, 12^{m},60. Dans le mur du nord de la primitive construction, contreforts à bases rectangulaires supportant des colonnes demi-cylindriques avec chapiteaux frustes au milieu et au sommet. Ancienne porte romane à l'Est. Chevet plat à la base et à cinq pans, à 3^{m} de hauteur. Voûte en pierre à réseaux de nervures dans l'abside. Sacristie au sud-est, divisée en deux travées de voûtes. Façade de l'Est, sur la rue, composée de deux pignons, dont l'un, à la suite de l'abside, est percé d'une porte à ouvertures géminées, avec colonnes aux chapiteaux de feuillage et cordons de pèlerins enroulés. Tour quadrangulaire saillante sur le pignon ouest. Caveau au milieu de la nef. Restes de vitraux dans l'abside : un Saint Jacques, une figure en pied, que l'on croit être Marie de Luxembourg, etc. Cette église forme la chapelle du Lycée, ancien *Collegium Cesareo Vindocinense*, fondé en 1623. Vastes constructions en pierres et briques. Additions successives de l'ancien hôtel Ronsard et du couvent des Grisettes.

Palais de Justice. Construction du XIIIe siècle, remaniée au XVIe par Marie de Luxembourg. Rez-de-chaussée, autrefois halle aux blés. Longueur, 27^{m},60 ; largeur, 10^{m},45. Série de huit colonnes cylindriques au milieu, reproduites par moitié le long des murs. Hauteur, 6^{m}. Doubles portes cintrées aux extrémités. Chapelle et tribunal au-dessus.

Hôtel de Ville. Des quatre portes fortifiées de la ville, il ne reste que celle de Saint-Georges, du XIVe siècle. Pavillon étroit, flanqué de deux portions de tours; celle de l'Est, renforcée elle-même d'un deuxième fragment de tour. Mur plat du côté de la ville. Le pavillon, côté du pont, percé d'une porte en ogive et d'une petite pour les piétons, avec rainures pour les poutrelles du pont-levis. Porche de 4^{m},75 de largeur sur 9^{m} de profondeur. Casemates voûtées à droite et à gauche. Murs en pierres appareillées, percés d'étroites meurtrières. Epaisseur, 3^{m}. Cage d'escalier octogonale dans la tour de l'Est. Comble à quatre faces au-dessus du pavillon, se réunissant aux toits demi-coniques des tours. Vers le milieu du XVe siècle, cette porte devint hôtel de ville, par permission de Marie de Luxembourg. Fenêtres ouvertes au premier étage, du côté du pont, et couronnées par des mâchicoulis très ornementés. En 1808, voûtes et portes remplacées, pour les besoins de la circulation, par une ouverture en plein cintre plus large et plus haute.

Hôtel des Monnaies, situé dans l'impasse de ce nom, débouchant dans la rue au Blé. Il n'en reste plus rien.

Hôtel de la Chambre des Comptes, rue Renarderie. A conservé sur la cour sa façade du XVIe siècle. Rez-de-chaussée et deux étages au-dessus percés de fenêtres ornementées, surmontées de lucarnes. Bâtiment en retour en colombages. Galerie ouverte au deuxième étage.

Ancien Hôtel du Gouverneur, à l'angle de la Place-du-Marché et de la petite rue conduisant autrefois du château dans la ville. Construction du XVe au XVIe siècle, composée de deux pavillons à angles droits l'un sur l'autre, avec tour polygonale à leur jonction. (Les murs des bâtiments, et surtout ceux de la tour, portent encore les traces nombreuses des balles et projectiles dirigés contre eux, lors du siège et de la prise de la ville par Henri IV, en 1589.) A l'intérieur, portraits à mi-corps de Louis-Joseph, dernier duc de Vendôme et généralissime des armées d'Espagne.

HÔTEL DU SAILLANT. Possédé autrefois par les du Bellay. Vaste pavillon, du XVIe siècle, bâti sur un bras du Loir. Tour d'angle au nord-est.

Vendôme renferme un assez grand nombre de maisons des XVe et XVIe siècles. Dans la rue Ferme, au pied du château, il en reste quelques-unes ayant servi d'habitation aux chanoines de la collégiale Saint-Georges.

Deux de la même époque, l'une, très importante autrefois, dans la rue Basse, et l'autre rue des Saints-Pères, auprès de la chapelle de Saint-Pierre-la-Motte.

Rue Saulnerie, maison à porte surbaissée avec médaillons au-dessus attenant à celle du gouverneur.

Dans la rue Parisienne, deux maisons, l'une avec rez-de-chaussée en pierre, de 1572, l'autre, en colombages, du XVe siècle.

Façade d'une maison de la Renaissance au fond d'une cour de la rue Guesnault.

Ancien hôtel du prévôt de Mazangé, rue du Bourg-Neuf. Emplacement d'une chapelle, mur intérieur percé d'une grande fenêtre ogivale et grande arcade en plein cintre à moulures romanes dans le mur extérieur. Tour d'escalier du XVIIe siècle.

Sur la place Saint-Martin, maison en bois à deux étages surplombant l'un sur l'autre. Personnages et ornements sculptés.

Sur la même place, habitation moderne bâtie sur d'anciens caveaux voûtés avec arcs-doubleaux et nervures à biseau.

La Bibliothèque possède environ 11,000 imprimés et 300 manuscrits. Parmi les imprimés, la section la plus riche est celle de l'histoire ; le plus ancien livre est une édition vénitienne de Salluste, de 1478. Les plus vieux manuscrits remontent au XIe siècle. Enfin, la bibliothèque renferme encore une assez nombreuse collection d'anciens titres et de médailles. Vitrail sorti de l'ancienne chapelle de l'hospice Saint-Jacques, représentant un vieillard couché entre ses deux enfants. Trois bâtons de pèlerins sont appuyés à la muraille. Une femme debout glisse une pièce de monnaie dans une des escarcelles.

Le Musée, fondé récemment, renferme déjà un certain nombre de pierres et de haches taillées et polies trouvées dans le pays, vases gallo-romains en terre, en verre, bracelets, collection de portraits gravés des ducs de Vendôme, de dessins birmans, de gravures et de médailles, etc.; un sceau de l'abbaye, du XIIIe siècle.

VILLERABLE. Villa Arabilis.

A 5 kilomètres au S.-O. de Vendôme.

Epoque romaine.

Voie antique venant de la plaine de Vendôme, se dirigeant sur les plateaux. Débris de fondations et de briques à rebords trouvés en plusieurs endroits.

Moyen âge.

Eglise paroissiale de Saint-Denis. Construction primitive du XIe siècle, remaniée presque entièrement au XVe. Nef rectangulaire de 19^{m},60 de longueur sur 6^{m},24 de largeur. Collatéral sud, joint à la nef par quatre arcades ogivales sur piliers octogones. Largeur, 3^{m},72. Tour quadrangulaire à l'extrémité nord-est de la nef. Porche en avant du pignon ouest.

VILLIERS. Villare.

A 7 kilomètres à l'O.-N.-O. de Vendôme.

Epoque romaine.

Voie antique traversant la plaine de Villiers. Emploi de scories de fer dans la confection.

15 impériales romaines de la fin du IIIe siècle, Gallien, Claude, Maximien, Posthume. Au clos Amery, près de l'ancienne voie, découverte d'un groupe de cercueils en pierre.

Moyen âge.

Eglise paroissiale de Saint-Hilaire, du XIIe au XIIIe siècle, remaniée presque en entier postérieurement. Nef rectangulaire de 35[m],55 de longueur sur 9[m],20 de largeur, avec addition, au XVIe siècle, de deux chapelles latérales, formant bras de la croix. Colonnes cylindriques dans les angles et naissance de nervures indiquant une voûte en pierre remplacée par un lambris. Grande fenêtre à trois meneaux dans l'abside, murée pour y placer le rétable. Anciens ornements sacerdotaux provenant de la collégiale Saint-Georges de Vendôme. Beau meuble en ébène dans la sacristie. Pèlerinage à Saint-Gilles. Maisons des XVe et XVIe siècles dans le bourg.

VILLIERSFAUX.

A 8 kilomètres au S.-O. de Vendôme.

Epoque celtique.

Au sud-ouest du bourg, grand bloc de pierre dit dans le pays : *Pierre sorcière*. Longueur, 4[m] ; largeur, 2[m],30 ; épaisseur, 0[m],80. Posé sur le sol sans apparence de supports. Traces de rainures ayant servi à polir des haches.

Moyen âge.

Eglise paroissiale de Saint-Georges, de diverses époques. Plan rectangulaire. Longueur, 18[m],60 ; largeur, 6[m],18. Porte romane dans le pignon ouest, entre deux grands contre-forts à retraits du XVe siècle. Addition, à la même époque, d'une tour quadrangulaire saillante sur le mur du nord. Flèche en charpente. Dalle funéraire de 1627, avec écusson armorié.

TABLE

Canton de DROUÉ

Canton de MONDOUBLEAU

Canton de MONTOIRE

Canton de MORÉE

Canton de SAINT-AMAND

Canton de SAVIGNY

Canton de SELOMMES

Canton de Vendôme

FIN

Vendôme. Typ. Lemercier.

www.ingramcontent.com/pod-product-compliance
Lightning Source LLC
Chambersburg PA
CBHW052056090426
42739CB00010B/2200

* 9 7 8 2 0 1 2 6 2 3 9 6 5 *